SKATING Euregio

Beate Grimm

Die schönsten Inline-Touren zwischen Aachen, Lüttich und Maastricht

J.P. Bachem Verlag

Die Deutsche Bibliothek – CIP-Einheitsaufnahme

Grimm, Beate:
Skating Euregio: Die schönsten Inline-Touren zwischen Aachen,
Lüttich und Maastricht / Beate Grimm. – 1.Aufl. - Köln: Bachem, 2002
ISBN 3-7616-1472-1

1. Auflage 2002
© J.P. Bachem Verlag, Köln 2002
Einbandgestaltung und Layout: Heike Unger, Köln
Reproduktionen: Reprowerkstatt Wargalla GmbH, Köln
Karten: Barbara Köhler
Druck: Druckerei J. P. Bachem GmbH & Co. KG, Köln
Printed in Germany
ISBN 3-7616-1472-1
www.bachem-verlag.de

Bildnachweis:
alle Abbildungen: Beate Grimm

Inhalt

L = Leicht
F = Fortgeschrittene; mittel
S = Schwer

Grußwort

Wer fit ist, fühlt sich wohl!

Damit auch Sie sich wohlfühlen, möchte ich Ihnen den vorliegenden Skate-Führer durch die Region der EUREGIO Maas-Rhein ans Herz legen. Er bietet Jung und Alt ein reizvolles Angebot an Laufstrecken mitten im Herzen Europas. Grenzenlos gleiten Sie durch die Landschaften entlang von Maas und Rhein – vorbei an Kanälen, Häfen und Schleusen, durch die liebliche Landschaft der Eifel, entlang dem Tal der Wurm gesäumt von Wassermühlen und alten Gutshöfen.

Die Skating Region EUREGIO Maas-Rhein hat wirklich viel zu bieten. Es ist ein Kultur- und Wirtschaftsraum im Zentrum der Europäischen Union, der wichtige Regionen Belgiens, der Niederlande sowie Nordrhein-Westfalens umfasst. Traditionelle ökonomische und kulturelle Verbindungen leben im Dreieck der historischen Zentren Aachen, Lüttich und Maastricht in eben dem Maß auf, wie die trennenden Grenzen an Bedeutung verlieren.

Erleben Sie auf einer Vielzahl von abwechslungsreichen Routen Zeugnisse gemeinsamer Geschichte und Kultur. Begeistern Sie sich an den sportlichen Herausforderungen der ausgewählten Streckenprofile, die für Jung und Alt, für Solisten und Familien alles bieten.

Besonders ans Herz legen möchte ich Ihnen auch die vielen nützlichen Hinweise für Ihre persönliche Sicherheit und die Tipps zu Material und Ausrüstung. Denn wer hier langfristig Spaß am Inlineskating haben möchte, der sollte von Beginn an nicht nur gute Fahr- und Bremstechniken erlernen. Ebenso wichtig ist eine schützende Ausrüstung.

In diesem Sinne wünsche ich Ihnen viel Spaß auf den Inlinestrecken der EUREGIO Maas-Rhein.

Mit sportlichem Gruß
Ihr Jürgen Roters

Nach „**Skating Cologne**" und „**Skating Rheinland**" folgt nun der erste Band von „**Skating Euregio Maas-Rhein**" in der Serie der **Inline-Tourenführer des Bachem-Verlages**.

Die **Euregio** ist geprägt durch viele regionaltypische Natur- und Siedlungsräume. Von der flachen Region des Selfkants im Übergang zum Niederrhein, über die wellig-hügelige Landschaft Flanderns in der Provinz Limburg, zu den Flussauen und Kanälen der Maas und schließlich bis zu den Vorläufern der Ardennen. Die Touren liegen in und um Aachen, an der Wurm bis südlich von Roermond im Norden und an der Maas und ihren Kanälen bis in die Nähe von Maastricht.

Die Euregio – das sind drei Länder: Deutschland, Belgien und die Niederlande – das sind fünf Partnerregionen: die Regio Aachen, die deutschsprachige Gemeinschaft der Ostkantone Belgiens, die Provinz Lüttich, die belgische Provinz Limburg, das niederländische Südlimburg – das sind drei Sprachen: Deutsch, Französisch, Niederländisch – und das sind etwa 4 Millionen Einwohner.

Die Region bietet eine seltene, bunte und höchst interessante Vielfalt auf kleinem Raum. Das südliche Belgien steht für das Sprachen-„Wirrwarr" – mit dem französischsprachigen Lüttich, dem Flämisch sprechenden Belgisch-Limburg, und der deutschsprachigen Gemeinschaft von Eupen.

In der Euregio wird landestypisch unterschiedlich gebaut und gelebt. Hier finden sich im Kleinen die kulinarischen Spezialitäten unterschiedlicher Couleur. Das Grenzland steht für Aachener Printen und Poschweck, für belgische Frites, Pralinés, Reisfladen und Trappisten-Bier, für niederländischen Oude Kaas, Pindakaas (Erdnussbutter) oder Appel-Stroop.

Die Touren geben Ihnen die Möglichkeit, die ganze Vielfalt aus nächster Nähe zu erleben und bei mancher Einkehr kennen zu lernen. Als „eingemeindete" Aachenerin habe ich versucht, die landes-, landschafts- und kulturhistorischen Besonderheiten meiner Wahlheimat zu berücksichtigen. Sie finden in den Tourenbeschreibungen immer wieder kleine erläuternde Abschnitte zu den jeweiligen Tourencharakteristika.

Der Plan, meine Kenntnisse über die Euregio rund um Aachen, die mir durch langjähriges Radtraining gut bekannt ist, für einen Inlineskate-Führer umzusetzen, bestand seit langem. Auslöser war schließlich eine Anfrage der Redakteurin Claudia Schweda von der Aachener Zeitung im Frühjahr 2000. Mit ihr entstanden sieben Touren im Aachener Stadtgebiet, die dann in der Serie „Aachen auf Skates" regelmäßig in der Aachener Zeitung erschienen und eine große, interessierte Leserschaft erreichten. Denn die Region rund um Aachen ist nicht gerade flach, so dass sich für viele Skate-Enthusiasten die Inlineskate-Aktivitäten auf wenige

 Claudia Schweda,

Redakteurin der

Aachener Zeitung

Strecken beschränkte. Claudias Anliegen war, gerade im unmittelbaren Stadtgebiet Alternativen aufzuzeigen.

An dieser Stelle sei deshalb ganz besonders herzlicher Dank an Claudia ausgesprochen, mit der es viel Spaß gemacht hat, die Touren auszu-

suchen. Sie hat maßgeblich mit viel Liebe und Akribie die Stadttouren ausgearbeitet und recherchiert, die Beschreibungen formuliert und für die Aachener Zeitung das Kartenmaterial zusammengestellt.

Dank gebührt auch der Aachener Zeitung für die Möglichkeit, die Touren zu veröffentlichen, die auch über das Internet viele Inlineskater in Aachen erreicht haben.

Abschließend möchte ich mich noch herzlichst bei meiner Lektorin, Frau Hildegard Frank, für viel Geduld, Verständnis und Unterstützung bedanken sowie beim Bachem-Verlag, der mir die Möglichkeit bietet, diese Reihe fortzuführen.

Und nun – viel Spaß bei der Erkundung der Vielfalt in der Euregio. Sollten Sie Fragen zur Region, zu Inlineskate-Kursen usw. haben, wenden Sie sich an meine Inlineskate-Schule, deren Adresse Sie im Anhang finden.

Und noch etwas: Fallen Ihnen beim Abfahren der Touren Abweichungen von den Beschreibungen auf, denn schließlich ist alles Veränderungen unterworfen, oder sollten Sie den einen oder anderen Fehler entdecken, scheuen Sie sich nicht, dies dem Verlag oder mir mitzuteilen. Bei weiteren Auflagen können diese Verbesserungen dann berücksichtigt werden.

Also – viel Vergnügen!

Ihre Beate Grimm

Als Breitensportart findet das Inlineskaten mittlerweile so viele begeisterte Anhänger, dass am Wochenende gerade verkehrsarme und -freie Regionen viele Inlineskater, sei es mit oder ohne Familie, sei es mit oder ohne Trainingsambitionen, nach draußen lockt.

In Aachen ist eine „klassische Route" die Vennbahntrasse, die symptomatisch für viele hoch frequentierte Strecken steht. Eine alte Bahnlinie, fast ebenerdig mit einigen schönen Viadukten, durch hügelig-bergiges Land führend und gut asphaltiert. Auf diesem nur ca. 2,5 m breiten Weg tummeln sich an schönen Tagen nicht nur die Inlineskater. Auch Spaziergänger ohne und mit Hund, Kinderwagen oder Kleinkindern, Radfahrer und Mountainbiker nutzen den Weg als kurze Verbindung, genießen den schönen Landschaftsblick oder den Treff im Gartencafé des alten Bahnhofs in Kornelimünster am Ende der Vennbahntrasse. Gibt es also Alternativen zum Vennbahnweg?

Ja – es gibt sie. Im Umkreis von etwa 50 km habe ich mich bemüht, flache und möglichst optimale, „perfekte" Touren zu finden, die auch von Anfängern und von Familien mit Skaternachwuchs ohne Probleme zu bewältigen sind. Nicht immer gelang dies – bedingt zum Beispiel durch die landschaftlichen Voraussetzungen, den Straßenbelag oder die Besiedlung. Denn im Gegensatz zu einer Radrunde stellt eine Inlineskatingrunde wesentlich höhere Ansprüche an die Strecken. Nicht nur, dass die kleinen Rollen z.B. Schotterstrecken überhaupt nicht „verzeihen", auch „einfach" schlechtere Wegstrecke stecken sie nur „mit Murren" weg. Die Dämpfung fehlt und der kleine Rollendurchmesser nimmt jede Unebenheit wesentlich schneller auf und führt schnell zu „wackeliger Fahrt" oder gar zum Stolpern.

Bei hoher Besiedlungsdichte ist es nahezu unmöglich, nur verkehrsfreie Wege, zumindest aber verkehrsarme Straßen mit Topasphalt und ohne Verschmutzungen, mit Sehenswürdigkeiten und gemütlichen Einkehrmöglichkeiten zu finden. Eine Tour führt z.B. durch wunderschöne Landschaft, weist allerdings eine für Anfänger schwierige Abfahrt auf, ein 200 m Stück ohne jeglichen Asphalt, hat Abschnitte mit rauem, geflicktem Asphalt oder gar aufgesprungene Pflasterung, so dass sich die Füße schnell nach Erholung sehnen.

Landestypisch finden sich zum Beispiel in Deutschland und den Niederlanden viele gut asphaltierte oder gepflasterte Radwege, während sie in Belgien selten zu finden sind. Der Asphalt ist in Deutschland meist recht gut und glatt, in den Niederlanden häufig rau und grobkörnig, während in Belgien sowohl Straßen als auch Bürgersteige und Radwege oft schlecht asphaltiert, oft betoniert und häufig rissig oder gar löchrig sind. Auf die

Qualität des Untergrundes wird zu Beginn der Tourenbeschreibung hingewiesen.

Regionen mit intensiver Landwirtschaft bieten Verkehrsarmut und sind oft gut asphaltiert, aber nicht immer frei von Schmutz, der gerade zu Zeiten der Aussaat oder Ernte durch die Trecker auf den Wegen gut verteilt wird. Abgeschiedenheit vom Verkehr hat deshalb auch ihren Preis.

Gelegentlich sind bei den Touren **kleinere Abfahrten** zu überwinden oder das Gelände ist wellig, so dass die Skates dort schneller werden, als Ihnen lieb sein kann. Auf diese Tourenabschnitte wird ebenfalls ausdrücklich hingewiesen und bei höherem Schwierigkeitsgrad ist ein Warnsymbol angegeben.

Ich habe versucht, die Strecken als Rundkurse anzugeben, die möglichst große Straßen meiden. Zwangsläufig führen einige Abschnitte aber entlang stärker befahrener Straßen, die den Vorteil haben, breite und gut asphaltierte Radwege zu bieten, die den Speed-freudigeren unter Ihnen Möglichkeiten bieten, richtig Gas zu geben. Einige der Strecken sind Hin-/Rückstrecken. Für die Ausdauersportler unter Ihnen sind einige kürzere „**Trainingsrunden**" aufgeführt, am Klinikum in Aachen zum Beispiel. Wenn Ihnen einzelne Routen zu kurz sind, können Sie einige **Touren miteinander verbinden**. Die Verbindungswege zur nächsten Anschlusstour sind separat eingezeichnet und mit der entsprechenden Nummer der Anschlusstour versehen.

Sehenswürdigkeiten, die bei einigen Streckenführungen fehlen, bei anderen häufiger längs des Wegrandes liegen, werden mit ihren Besonderheiten kurz beschrieben. Desgleichen werden, soweit am Streckenrand liegend, **Gaststätten** aufgeführt. Sollte Sie der Durst quälen oder die Lust auf ein Eis besonders groß sein, gibt es in fast allen Ortschaften Kioske, die jedoch nicht aufgeführt werden. Mit den Informationen zu den **ÖPNV-Verbindungen** und den entsprechenden Kartenabschnitten können Sie von vielen Routenabschnitten aus nach Hause oder zu Ihrem Auto mit dem Bus zurückfahren.

Alle notwendigen Informationen zu einer Tour finden Sie kompakt gleich zu Beginn einer Tourenbeschreibung in einer **Kurzübersicht**, damit Sie wissen, worauf Sie sich einlassen. Angaben zur **Streckenlänge**, dem **Streckenprofil**, dem **Straßenbelag**, dem **Schwierigkeitsgrad**, zum **Fahrkönnen**, der **Familientauglichkeit**, den **Sehenswürdigkeiten**, zu Gaststätten, der Anbindung an Nahverkehrsmittel und den **notwendigen Karten** sind im Serviceteil zusammengestellt.

Verkehrstechnisch sind Sie an die **Straßenverkehrsordnung** gebunden und müssen sich als Inlineskater zunächst einmal wie ein Fußgänger verhalten. Verkehrsrechtliche Besonderheiten werden Ihnen ebenfalls im Vorspann kurz erläutert.

Und noch ein Wort zur **Streckenbeschreibung**. Oft wird auf **Wegweiser** verwiesen. Dies sind kleine Tafeln unterschiedlichster Farbe, Beschriftung und Form, die Radwege ausweisen und die an Laternen oder Schilderstangen angebracht sind. Ihre Vielfalt und die Vielfalt an unterschiedlichen Routen in der Euregio ist beeindruckend. Sie können sich jedoch gut an ihnen orientieren.

Und nun möchte ich Ihnen viel Spaß und ein erfolgreiches Training wünschen. Vielleicht treffen wir uns ja einmal auf einer der schönen Runden ...

Am Blausteinsee

Übersichtskarten der Touren

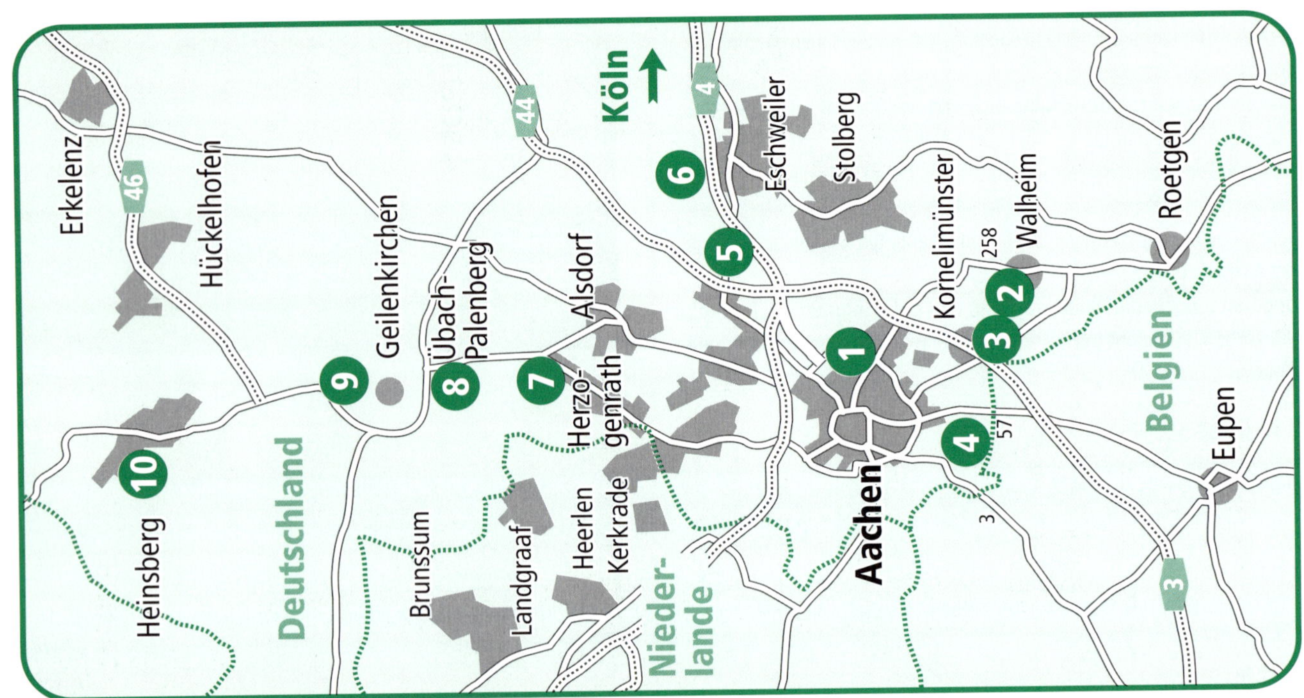

Süd-Teil

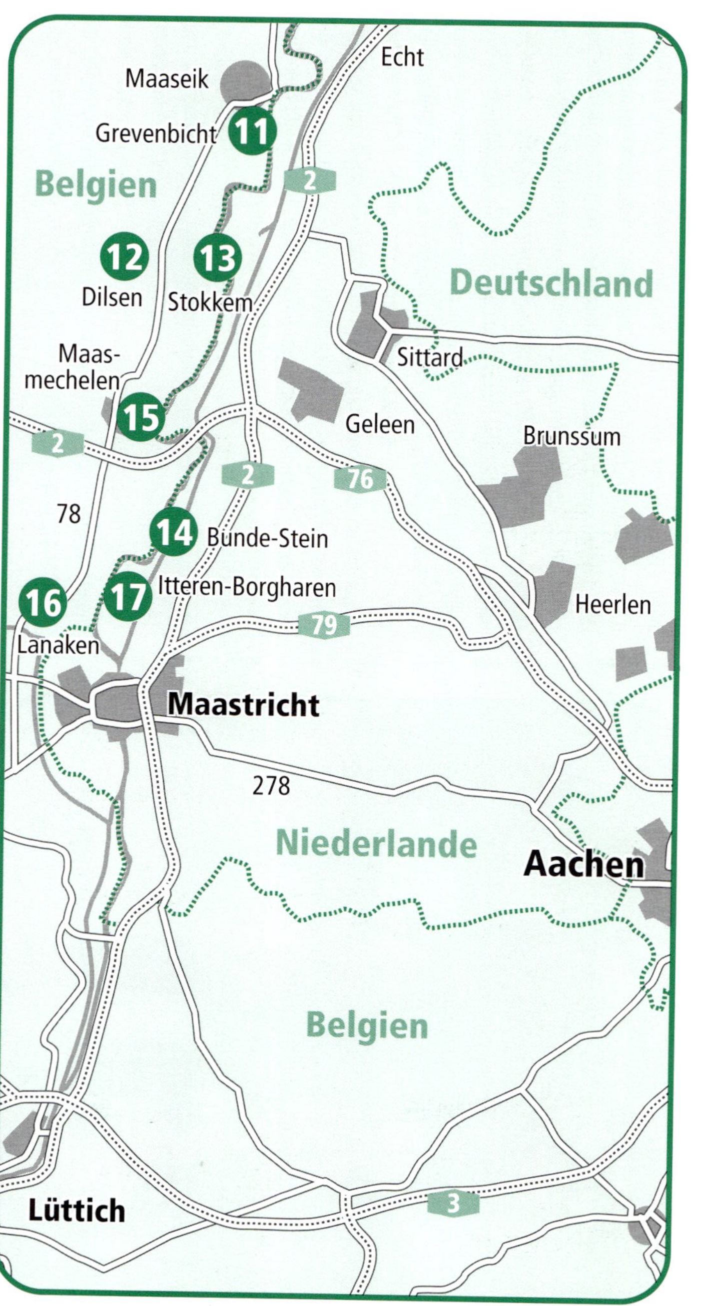

Maaseik
Echt
Grevenbicht
11
Belgien
2
Deutschland
12
13
Dilsen
Stokkem
Sittard
Maas-
mechelen
Geleen
Brunssum
15
2
2
76
78
14
Bunde-Stein
16
17
Itteren-Borgharen
Heerlen
Lanaken
79
Maastricht
278
Niederlande
Aachen
Belgien
Lüttich
3

Die Euregio

In der Euregio erlebt man „Europa zum Anfassen". Auf kleinstem Raum treffen hier nicht nur verschiedene Sprachen und Mentalitäten aufeinander, sondern auch unterschiedliche Interessen. Als Grenzregion, die historisch oft Spielball verschiedener Nationen war und deren staatliche Zugehörigkeit bis in das 20. Jahrhundert häufiger wechselte, kannte sie wirtschaftlich, sozial und kulturell keine Kontinuität, Konsolidierung oder Identität. Nachdem die Römer zunächst verbindende Verkehrswege bauten und die Region zu Zeiten Karls des Großen eine zentrale Stellung einnahm, erfolgte durch den Wiener Kongress 1815 mit der Bildung von Nationalstaaten die Abgrenzung zu den Nachbarn. Die Abschottung an den Grenzen wurde später durch zwei Weltkriege verstärkt und die Euregio entwickelte sich zur Randlage und – im Vergleich zu den politischen Zentren der Nationen – zum strukturschwachen Gebiet.

Das zusammenwachsende Europa hat deshalb für diese Grenzregion eine besondere Bedeutung. Sie wird von nationalstaatlichem „Sperrgebiet" zum „Brückenkopf" und „Impulssender" für die Einigung Europas (siehe Ausführungen unter http://www.euregio-mr.org). Heute koordiniert die „Stichting Euregio Maas-Rijn" in Maastricht grenzüberschreitende Verbesserungsprojekte für Infrastruktur, Weiterbildung, Tourismus, Sport und Umwelt, Raumordnung und Gesundheitsfürsorge, wirtschaftliche Zusammenarbeit und Technologietransfer. Kooperationsverträge gibt es zwischen Universitäten, Handwerkskammern, Mediensendern, Gewerkschaften, Unternehmerverbänden und den MHAL-Gemeinden (Maastricht, Heerlen, Hasselt, Aachen, Lüttich).

Nicht immer ist es einfach, und im Grenzverkehr gibt es bürokratische Hürden und grenzüberschreitende Animositäten, bedingt durch staatsbürokratische Sonderregelungen, die der Vereinheitlichung oder Angleichung bedürfen, oder bedingt durch Unterschiede der Prosperität. So sehen es die Belgier nicht gern, wenn Deutsche aus Kostengründen im nahe gelegenen Belgien Grund- und Hausbesitz erwerben. Doch wirtschaftlich Grenzüberschreitendes gab es bereits historisch: durch den Kohlenbergbau, dessen Flöze über den Aachener Bereich ins belgische Kempenland führen, durch grenzüberschreitende Heirat in Unternehmerkreisen der Metall- und Tuchindustrie.

Auch touristisch gesehen ziehen die MHAL-Städte an einem Strang und im Dreiländereck ist Vielfalt Programm. So ist es für Kulturgenießer im Dreiländereck normal, sonntags zum Quai de la Batte – zum berühmten Flohmarkt von Lüttich oder zu einem Einkaufsbummel am „Grote Markt"

und einem Abstecher ins Genevermuseum nach Hasselt, zum gemütlichen Flanieren zwischen hübschen, kleinen, historischen Geschäften rund um den Vrijthof der Europastadt Maastricht oder wochentags einfach einmal zum Schwoof in einen Jazz-Keller der modernen Stadt Heerlen aufzubrechen.

Der Weg in die Euregio

Nach einem ersten Treffen der Königin der Niederlande Beatrix mit den Gouverneuren der Provinzen Limburg und dem Regierungspräsidenten Kölns 1974 begann der gemeinsame Weg in der Euregio 1975 mit dem Staatsvertrag über den deutsch-belgischen Naturpark Hohes Venn. 1976 folgte die Gründung der Euregio Maas-Rhein, der 1978 die Provinz Lüttich hinzutrat. Die historische Entwicklung im Überblick:

Jahr	Provinz Limburg NL	Provinz Limburg B	Provinz Lüttich B	Deutschsprachige Gemeinschaft B	Regio Aachen D
58–51			**Cäsar erobert Gallien**		
	Maastricht	Tongeren	Liège		Aachen
476			**Ende des Römischen Reiches**		
350–650			**Völkerwanderung**		
650–843			**Zentrum des fränkischen Reiches**		
1000–1300			**Herausbildung von Territorialstaaten**		
	Heerlijkheid Valkenburg	Graafschap Loon	Principauté de Liège	Herzogtum Limburg	Herzogtum Jülich
	Graafschap Gelre		Abbaye de Stavelot-Malmedy	Herzogtum Luxemburg	Reichsstadt Aachen
1789–1814			**Französische Besatzungszeit**		
1815			**Wiener Kongress / Zeit der Nationalstaaten**		
	Koninkrijk der Nederlanden			**Preußen**	
1830	Nederland	België/Belgique		Preußen	
1870				Deutsches Reich	
1914–1918			**Erster Weltkrieg**		
1919			**Annexion Eupen-Malmedy**		
1933					„Drittes Reich"
1939–1944			**Zweiter Weltkrieg**		
1949					Bundesrepublik Deutschland
1970			**Föderalisierung Belgiens**		
1976			**Gründung Euregio Maas-Rhein**		
1992			**Vertrag von Maastricht über die Europäische Währungsunion**		
1993			**Föderalstaat Belgien**		

Heute leben auf einer Fläche von 10.478 qkm 3,7 Millionen Menschen, davon ca. 1,5 Millionen Arbeitnehmer.

1991 wurde die „**Stichting Euregio Maas-Rhijn**" nach niederländischem Recht gegründet, die von einem Vorstand geführt wird, dem der Regierungspräsident von Köln, der Kommissar der Königin der Provinz Niederländisch-Limburg, die Gouverneure der belgischen Provinzen Limburg und Lüttich, der Ministerpräsident der deutschsprachigen Gemeinschaft Belgiens und je Partnerregion zwei Politiker angehören. Dieses Gremium entscheidet über finanzielle und programmatische Fragen in der Euregio und ist im 1995 gegründeten **Euregiorat** beratend vertreten. Dieses euregionale „Parlament" übt zurzeit noch keine politische Kontrolle aus, sondern hat beratenden Charakter und formuliert Empfehlungen zur strukturellen Gestaltung grenzübergreifender Zusammenarbeit.

Administrative Gliederung

Material und Ausrüstung für den Ausflug

Die englischen Begriffe sind Ihnen selbst als Anfänger zwar mittlerweile bekannt, aber was es mit diesen **verschiedenen Disziplinen** und dem **dazugehörigen Material** so im Detail auf sich hat, ist doch weitgehend unbekannt. Um Ihnen einen kurzen Einblick in „die Möglichkeiten des Inlineskatens" zu bieten, soll aus Verständnisgründen dem Materialkapitel eine **Übersicht zu den Disziplinen** vorangestellt werden.

Disziplin	*Charakteristika*
Recreation	„Just for fun" skaten; zeitlich und räumlich ungeplanter Ausflug der „Spaziergänger auf Rollen". Genuss von frischer Luft, Umgebung und Wohlfühlen ohne Leistungsdruck.
Fitness	Körperbewusstsein und Wellness, Gesundheit und maßvolle Bewegung, geplantes Training bei moderater Belastung; oft alternativ zum Joggen oder Fahrradfahren.
Speed	Speedskaten ist leistungsorientiertes Fitnessskaten mit Trainingsplan und Wettkampfziel, Renntaktik und Windschattenfahren. Spezielle Ausrüstung mit flachem, halbschuhartigen Skate, verlängerter Schiene, fünf großen Rollen. Bahnwettbewerbe (In- und Outdoor, Shorttrack, 2er-Mannschaftsfahren, Ausscheidungsfahren, Punktefahren, Sprint) und Kurz-/Mitteldistanzen, klassische Halbmarathon- und Marathondistanz, doppelte Marathonstrecken oder gar ein 111-km-Rennen in der Schweiz. Ein Überblick über die zurzeit existierenden Wettkampfstrecken und Wettkampfformen findet sich im Anhang.
Aggressive Stunt – Street	Aggressive heißt Aggressive, weil Mut, Können, Power und Artistik dazugehört. Im „Streetskaten" wird keinem Hindernis ausgewichen: Mauern, Treppen, Geländer, Rampen oder Bänke sind sportliche Herausforderungen und Spaßobjekte zum Draufspringen, Gleiten, Rutschen. Die Hartschalenskates haben eine besonders robuste Schiene mit Möglichkeiten des Tunings und einen hohen Schaft, der dem Fuß viel Halt gibt.
Aggressive Stunt – Vert	„Vertskaten" bedeutet im engsten Sinne „Halfpipeskaten": vertikal. Mit dem Schwung aus der Pipe schwingt sich der Vertskater hoch in die Luft, um dort akrobatisch Sprünge, Salti oder Handstände auf der Pipekante zu versuchen. Die passenden Skates sind ebenfalls

	mit Hartschale, robuster Schiene, kleinen Rollen und hohem Schaft versehen.
Hockey	Inlinehockey, Streethockey oder das klassische Skaterhockey haben ein unterschiedliches Regelwerk. Im Inline- und Skaterhockey gibt es einen Ligabetrieb. Vereine/Schulen bieten regelmäßige Angebote.
Offroad	Exotische Art, sich mit übermäßig großen Rollen querfeldein zu bewegen. Als ernst zu nehmende Sportart einigen Spezialisten vorbehalten.
Downhill	Exotisch und spektakulär – mit Wettkämpfen in gut gepolsterter Montur und Integralhelm auf abgesperrten Strecken/Passstraßen oder in Rodel-/Bobbahnen. Mit stabiler aerodynamischer Köperhaltung und speziellen spurstabilen Skates, mit viel Mut und Reaktionsvermögen kommen Geschwindigkeiten bis zu 100 km/h zustande.
Inlinecarving	Inlinecarving ist alpiner Slalom auf Passstraßen – mit und ohne Stöcke und unterschiedlich großen Schwüngen (viel Kanteneinsatz und Druck auf den Rollen). Alternative für Skifahrer. Am flachen Hügel wird angefangen, am Steilhang aufgehört.
Highjump	Im „Hochweitspringen" über eine Stange mit vorherigem Anlauf über eine genormte Rampe gibt es sogar Wettbewerbe. Die Kunst, sicher zu landen und nicht zu stürzen.
Slalom	Es geht um Geschicklichkeit und Geschwindigkeit. Wettbewerbe sind gekennzeichnet durch Eleganz und akrobatische Fahrtechnik.
Skate-Dance	Ähnlich dem Eistanz und dem klassischen Rollkunstlauf finden Wettbewerbe und Showauftritte – mit Pflicht und Kür, im Einzel- und Paartanz – statt.
Skateaerobics	Skateaerobics vereint Kräftigung mit Gleichgewichtstraining und Rhythmusgefühl. In der Gruppe vor dem Spiegel eines Fitnessstudios macht es doppelt Spaß. Es gibt feste Kurse und Ausbildungsmöglichkeiten.
Rehabilitation	Skaten in der Rehabilitation ist ein weitgehend junger und aufstrebender Bereich. Durch die kreislauf- und gelenkschonende Belastung, die Schulung von Gleichgewicht, Koordination, Bewegungsgefühl sowie Raum-/Zeitgefühl durch Abschätzen von Distanz und Geschwindigkeit spricht das Inlineskaten viele Reize an, die in der Rehabilitation gut zur Schulung herangezogen werden können.

Jede Menge Möglichkeiten also. Und nun wissen Sie auch, welche Skates in welchen Bereichen ihren Einsatz finden.

Skates gibt es in Hülle und Fülle! Und wie überall bei einem so breiten Warenangebot stellt sich auch hier beim Käufer zunächst einmal Ratlosigkeit ein. Aber nicht verzagen – es gibt einige gute Tipps, die die Auswahl erleichtern. Treffen Sie zunächst die Wahl, was sie unternehmen wollen, und schauen Sie zum Saisonbeginn in einige Zeitschriften, die Markt- und Produktübersichten bieten („skate" oder „Stiftung Warentest").

Für **Kinder** gibt es spezielle Inlineskates, die leichter sind, einfachere Verschlusssysteme aufweisen, meist eine vierstufige Größenverstellung ermöglichen und so mitwachsen können. Sie fallen preiswerter aus (um die 100,– EUR), sollten aber auf jeden Fall von einem Markenanbieter sein, um gerade den Kleinen größtmögliche Sicherheit zu bieten. Ebenso sollten Sie bei der Schutzausrüstung unbedingt auf Kindergrößen achten und Ihren Kleinen auch bei Protest einen Helm beim Ausflug aufsetzen.

→ *Inlineskates*

Um Ihren Skate zu finden, sollten Sie die Möglichkeiten nutzen, die viele Skate-Shops mittlerweile anbieten – lassen Sie sich beraten und testen Sie die Skates. Nach einem Wochenende mit Leihschuhen werden Sie wissen, wie viel Geld Sie für Ihr Hobby ausgeben bereit sind. Denn Skates sind nicht gerade billig: Fitness-Skates kosten zwischen 100,– und 400,– EUR, Speed-Skates 250,– bis 500,– EUR in der Fitness-Version und 500,– bis 1.200,– EUR in der Wettkampf-Version. Die Preisspannen entstehen durch die unterschiedlichen Materialien und die Fertigungstechnik. Aber dazu und zu den Besonderheiten der einzelnen Skate-Typen etwas später mehr.

Der grundsätzliche **Aufbau** von Skates ist mit 6 Hauptkomponenten recht einfach: Außenschale – Innenschuh – Riemen mit

Schnallen (Knöchel-, Rist- und Zehenriemen) – Schiene – Stopper mit Bremsgummi – Rollen mit Achsen und Kugellagern.

Die **Außenschale** kann geschlossen (sog. Hardboot) oder offen sein (sog. Softboot), weist dann aber einen verstärkten Innenschuh auf. Softboots, deren Passform universeller auf den Fuß passt und deren Tragekomfort angenehmer ist, weil der Fuß nicht so starr gehalten wird, werden heute häufiger angeboten. Wichtig für die Bequemlichkeit ist die Schafthöhe, denn sie bestimmt die Bewegungsfreiheit nach vorn und hinten. Der Innenschuh ist häufig separat schnürbar, sollte gut gepolstert sein und ein vorgeformtes Fußbett aufweisen. Auf Nähte oder durchstoßende Nieten an besonders empfindlichen Stellen wie dem Fußknöchel ist unbedingt zu achten, denn Blasen sind echte „Spaßkiller“.

Verschlusssysteme sind Schnürungen, Schnallen, Rasterverschlüsse oder Klettbänder, die in allen möglichen Kombinationen, Materialien und Verstellmöglichkeiten verarbeitet werden. Unabhängig von Ihren persönlichen Ansichten und der Empfindlichkeit Ihrer Füße für Druckstellen sollten Sie auf Materialeigenschaften, Haltbarkeit und Funktionsweise achten, denn Verschlüsse müssen oft erhebliche Kräfte und natürlich häufiges Betätigen aushalten, so dass sie stabil und haltbar gefertigt sein sollten, um gut, sicher und dauernd Halt zu geben.

Die **Schiene** oder der „Frame“ als Verbindung zwischen Schuh und Rolle kann aus unterschiedlichsten Materialien (Nylon, Kunststoff, Aluminium, Fiberglas, Carbon, Duralite, Polypropylen, PU-Legierungen, Magnesium/Zink) und deren Mischungen gefertigt sein. Die meisten Schienen kann man ein wenig in der Horizontalen verschieben.

Stopper mit Bremsgummi sollten Sie sich an den Skate Ihres Vorzugs- oder Sprungbeines montieren. Die Halterung für den Bremsklotz besteht aus einer Stahl- oder Aluminiumachse mit einer selbstsichernden Mutter und kann auch mit einem Inbus aufgeschraubt werden, um einen neuen Bremsklotz zu montieren, der auf jeden Fall recht weich sein sollte, damit aus dem Bremsen kein hoppeliges Rutschen wird.

Rollen sind quasi „eine Wissenschaft für sich“, weil unterschiedliche Rollenmaterialien und -größen an einem Skate miteinander kombiniert werden können, um Wendigkeit, Griffigkeit oder Dämpfung zu variieren. Neben der Anzahl der Rollen ist ihr Material, ihr Kern, ihre Härte/Sprung-

Größe je größer die Rolle, desto		**_Härte_** je härter die Rolle, desto		**_Profil_** je breiter das Profil, desto	
Vorteil	**Nachteil**	**Vorteil**	**Nachteil**	**Vorteil**	**Nachteil**
höher die Endgeschwindigkeit	schlechter die Beschleunigung	geringer die Abnutzung	schlechter die Haftung	größer die Stabilität	geringer die Geschwindigkeit
besser die Laufruhe	schlechter die Wendigkeit	geringer der Rollwiderstand	schlechter die Dämpfung	größer die Haftung	schlechter die Wendigkeit
		besser die Haltbarkeit	schlechter der Rebound		
		besser zum Sliden	schlechter die Laufeigenschaften		

Einfluss der Rollenauslegung auf die Fahreigenschaften

eigenschaft, ihr Durchmesser und ihr Profil von elementarer Bedeutung für Spaß und Speed.

Die Härte der Rolle wird in Durometer – Bezeichnung „A" – gemessen. Die dazugehörige Zahl gibt die Härte an, die z.B. mit 74 niedrig (weiche Rolle), mit 100 hoch (harte Rolle) ist. Die Größe der Rollen wird in Millimetern des Außendurchmessers angegeben. Im Stunt-Bereich wer-

den kleine Rollen wegen der höheren Wendigkeit, im Race-Bereich große Rollen wegen der Fähigkeit zum Geradeauslauf gewählt. Das Profil der Rollen bestimmt die Größe der Oberfäche, die den Rollwiderstand bestimmt. Speed-Rollen für hohe Geschwindigkeiten haben eine geringe Auflagefläche und spitz zulaufendes Profil, während breite Rollen mit großer Auflagefläche (Full Flat oder Flat Top) gute Standfestigkeit und größere Laufruhe bedingen und im Stunt-Bereich eingesetzt werden.

Bereich	Durchmesser	Profil	Härte
Anfänger / Kinder	60 – 72	180° Full	75 A – 85 A
Fitness	76 – 82	Recreation	78 A – 90 A
Stunt / Street	30 – 48	Full Flat / Flat Top	80 A – 103 A
Stunt / Halfpipe	63 – 68	Full Flat / Flat Top	80 A – 100 A
Hockey	72 – 76	Flat Top	74 A – 86 A
Speed	76 – 82	Speed	75 A – 93 A

Rolleneigenschaften für verschiedene Einsatzbereiche

Wenn die Rollen das „Herz" des Skates sind, so sind die **Kugellager** der „Herzschlag". Ohne sie kommt sprichwörtlich gar nichts in Gang, denn Gleitfähigkeit und Haltbarkeit des gesamten Systems sind von ihnen abhängig. Schauen Sie in Tabellen, so finden sich „ABEC"-Bezeichnungen, die die Fertigungsgenauigkeit (Präzision) kennzeichnen und von 1 nach 10 ansteigende Qualität signalisieren. Von der Abdichtung der Lager ist die Menge des eindringenden Schutzes abhängig – Abdichtungen können einseitig oder aber auch beidseitig diesen Kugelkäfig verhüllen und ihn mehr oder weniger schützen. Die Befestigung der Kugellager bzw. der Rollen in der Schiene erfolgt bei fast allen Skates mit selbstsichern-den Stahlmuttern. Für die Schmierung der Kugeln sollten Sie spezielle Fette mit Lithiumzusatz oder Spezialöl verwenden.

➡ Schutzausrüstung

Fast ein Viertel aller Skater trägt überhaupt keine Schutzausrüstung. Wer im Sommer schon einmal ein paar Stunden unterwegs war, wird sicherlich wissen, warum: weil irrational schlichtweg das „Wohlgefühl" im Vordergrund steht … denn immerhin raucht unter dem Helm der Schädel, durchnässt unter den Schützern als Produkt der Anstrengung die Hose und gelegentlich zwickt es, drückt es, schnürt es ein. Doch nur die pas-

In den Feldern am Blausteinsee

sende Schutzausrüstung garantiert die eigene Sicherheit. Die meisten Inlineskate-Firmen bieten Schutzausrüstungen im Set an: Schützer für Handgelenk (Wristguards), Ellenbogen (Elbowpads) und Knie (Kneepads). Dazu kommt separat der Helm. Bei allen Angeboten sollte vorrangig auf die Größe geachtet werden. Billigangebote, die allenthalben zur Vorsaison in den Geschäften auftauchen, sollten Sie erst einmal überprüfen – denn Materialverarbeitung und -eigenschaften, Passform, Ausstattung mit Polsterungen, Sitz und Befestigungen können große Unterschiede aufweisen.

Der Helm

Genauso wie es sich im Radfahren etabliert hat, sollte auch beim Skaten der Helm ständiger Begleiter sein. Als Verkehrsteilnehmer, der sich mit Geschwindigkeiten von 10 km/h – max. 40 km/h fortbewegt und schnell übersehen oder unterschätzt wird, sind brenzlige Situationen gang und gäbe. Einfachste Helmvariante ist der Fahrradhelm, der rutschfest sitzen sollte und nach gängigen Sicherheitsstandards geprüft sein sollte. Inlineskate-Helme für den Fitnessbereich sind im Nackenbereich tiefer geschnitten und heute in sehr leichten Ausführungen erhältlich. Aggressive-Helme haben meist eine geschlossene, den Kopf umschließende

Hartschale, die weit in den Nacken hinunterreicht. Sie weisen fast immer wenige Löcher für die Belüftung auf und ihre Polsterung ist nicht so komfortabel.

Die Handgelenkschützer (Wristguards)

An Handgelenkschützern ist das wichtigste Bauteil die meist auswechselbare vorgewölbte Plastikschiene, die im Fall des Falles Gewicht abfangen und über den Asphalt rutschen muss. Diese Wölbung liegt auf

Knieschoner und Helm – unverzichtbare Ausrüstung!

Höhe der inneren (!) Mittelhand, während außen eine fest montierte Schiene Handgelenk und Hand starr miteinander verbindet. Richtig getragen, sollte anfangs unbedingt die richtige Armvorhalte beim Fall geübt werden. Moderne Schützer sind innen mit Gelfüllungen ausgestattet und haben außen eine bewegliche Verstärkung. Die Handgelenkschützer haben eine Aussparung für den Daumen, festes Leder- oder Nylonmaterial

Freie Fahrt mit Klingel

und breitere Klettverschlüsse. Gelegentlich sind Vollhandschuhe (mit und ohne Fingerschutz) mit integriertem Gelenkschutz zu finden.

Die Ellenbogenschützer (Elbowpads)

Die Ellenbogen kommen bei kontrollierten Stürzen weniger mit dem Untergrund in Kontakt – bei unkontrolliertem Fall, der häufiger seitwärts durch Abrollen und Abfangen geschieht, können sie allerdings nützlich sein. Elbowpads bestehen aus einer gerundeten, vielfach anatomisch geformten, oben breiter, unten schmaler werdenden Plastikschale mit Innenpolsterung, die bei Aggressive-Schonern wesentlich größer ausfällt. Die Schale ist aus widerstandsfähigem Nylonmaterial. Schoner, die unterhalb der Plastikkappe ein festes, elastisches Strumpfgewebe zeigen, sitzen besser, haben aber den Nachteil geringerer Belüftung. Bei allen Schonertypen gibt es zwei Befestigungsgurte, die mit einem Klettverschluss unterhalb bzw. oberhalb der Plastikkappe fixiert werden.

Die Knieschützer (Kneepads)

Die Knieschoner, die im „richtigen Fall" ähnlich wie die Handgelenkschoner einiges an Gewicht und Reibung vertragen müssen, sollten ebenfalls richtig, d.h. rutschfest sitzen. Die Plastikkappen sind um einiges größer als die der Ellenbogenschützer, aber ähnlich geformt – im oberen Bereich breiter, im unteren schmaler. Auch hier findet sich die Strumpfvariante, kleinere und größere Polster. Pads, die hinten im Knie frei sind und nur „auf die Kniescheibe aufgelegt werden", sind zwar sehr zweckmäßig, einfach anzulegen und bieten außerdem gute Belüftung im Kniekehlenbereich, sitzen im Fall aber weniger gut. Der geschlossene Strumpf bietet hier wesentlich mehr Halt, hat aber die Nachteile des Schwitzens und – sie müssen vor den Skates angezogen werden, da sie sonst nicht mehr über den Fuß zu stülpen sind!

Fazit

Sie sollten somit im Geschäft die Größe ausprobieren und sich aufgrund von Passform, Preis und erwartetem Einsatzbereich entscheiden, ob das Komplett-Set ausreicht oder eine „Mischzusammenstellung" z.B. aus Fitness-Ellenbogenschützern mit Aggressive-Knieschonern besser ist. Bei Kindern ist von Superbilligangeboten unbedingt abzuraten. Diese Schoner sind zwar sehr schön bunt, haben aber in der Regel sehr dünne und fast immer zu kleine Hartschalen, aus denen die Kleinen schnell herauswachsen, und miserable Befestigungen. Einige Hersteller bieten auch im Erwachsenenbereich XS-Größen an oder haben S-Größen, die ausgesprochen klein ausfallen und für Kinder eingesetzt werden können. Unsere Aufforderung und unser Wunsch zum Schluss: **„Skate smart and safe"** und viel Spaß beim Skaten – auch **mit Schutzausrüstung**!

Spaß im Skatekurs

➡ *Bekleidung und nützliche Dinge*

Skater-Mode muss „cool" sein – und funktionell. Fitness-Skater wählen je nach Lust und Laune das, was „trendy" ist, einfach gefällt und Bewegungsfreiheit bietet: entweder weite Hosen/weite Shortys und T-Shirts/Sweatshirts oder aber dehnbare Lycra-Hosen und im Sommer Pants. Ein Sonderthema sind Socken – denn schmerzen erst einmal die Füße, so ist der Spaß schnell dahin. Blasen und Druckschmerzen im Fersen- und Spannbereich des Fußes können vermieden werden, wenn die Socken in diesen Bereichen eine Verstärkung aufweisen und zudem eine glatte Oberfläche haben, d.h. aus Nylon-Mischgewebe oder gar aus speziellem Material gefertigt sind. Von Bergsteiger-, allgegenwärtigen Tennis- oder Frotteesocken ist abzuraten.

Funktionelle Trikots und Unterhemden sollten auf jeden Fall schweißabweisend sein. Als Unterhemden eignen sich hervorragend Ski- oder Radunterhemden, die oft grobmaschig gearbeitet sind und besonders gut die Haut trocken halten. Diese Kunstfasern bestehen aus Polyester und/oder Polyamid und sind auf unterschiedliche Art gewebt: entweder mit Schlingen, aufgeraut oder glatt. Jacken sollten vorn beschichtet und windundurchlässig sein, während die Rückseite entweder aus Trikot- oder Fleece-Material bestehen sollte. Rückentaschen ermöglichen dazu

Einige nützliche Dinge: Rucksäcke und Flaschenhalter

den problemlosen Transport von Kleinigkeiten – wie etwa einer Karte –, ohne auf sperrige Hüfttaschen ausweichen zu müssen. Westen eignen sich bei stürmischem, aber nicht kaltem Wetter zum Schutz vor Auskühlung, da sie ärmellos gearbeitet sind und durch grobmaschiges oder dünnes Material gut Schweiß und Wärme abziehen lassen. Bevorzugt man nicht weite Hosen, ist es angeraten, auf eng anliegende Lauf- oder Radhosen ohne Einsatz zurückzugreifen. Als Material wird hier ebenfalls Polyester verwendet, das dünn, in kurz oder lang, für den Sommer oder dicker und innen aufgeraut für den Winter verarbeitet wird. Im Speed-Bereich werden gerade für die Rennen Einteiler bevorzugt, da sie am ganzen Körper eng anliegen und aerodynamisch sind.

Weil sich Inlineskaten vorwiegend auf die Sommer- und Übergangszeiten des Jahres konzentriert und nicht im Regen ausgeführt wird, ist die Palette der Funktionskleidung etwas begrenzter als in anderen Sportarten.

Sonstiges Nützliches

Nicht nur funktionell, sondern auch aus Sicherheitsgründen bieten sich einige Kleinigkeiten an, die auf einer Tour durchaus ihren Sinn erweisen. Angefangen bei einer kleinen Klingel für den Daumen, die immer dann hilft, wenn ein dezenter und freundlicher Hinweis auf Ihr Herannahen auf-

merksam macht, bis zu funktionellen Hüfttaschen und Flaschenhaltern. Gerade bei größeren Touren sollten Sie folgende Gegenstände mitführen:

➡ Tourenkarte und ausreichend Geld für die Rückfahrt im Bus oder Taxi,
➡ Getränk und Müsliriegel,
➡ Handy für den Notfall und eine kleine Erste-Hilfe-Tasche, sollten Sie mit der Familie oder einer Gruppe unterwegs sein,
➡ kleines Taschenmesser,
➡ Skate-Tool und Ersatzlager,
➡ Sonnenbrille und eine kleine Tube Sonnencreme.

Und nun – viel Spaß beim Ausflug.

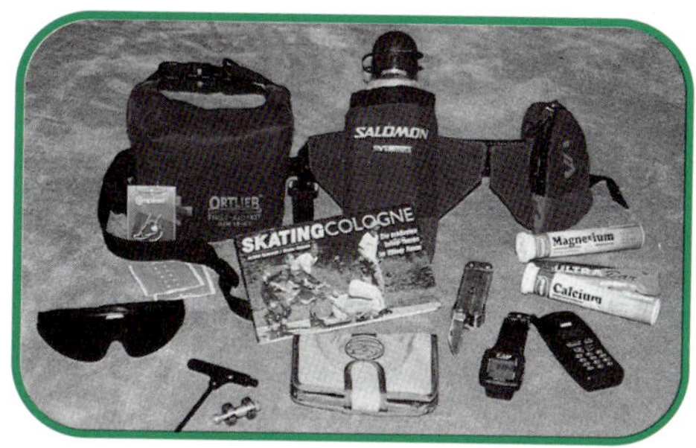

Sicherheitstipps

Üben mit den Kids kann einfach Spaß machen!

Inlineskates sind Fortbewegungsmittel und Sportgerät. Breitensport „Inlineskaten" bedeutet, dass Millionen von Skatern Parkplätze und Bürgersteige, Radwege und Fußgängerbereiche in Naherholungsgebieten bevölkern. Ausreichend breite und gut asphaltierte Wege ohne Ausbesserungsbedürftigkeit, Verschmutzung oder gar jähes Ende sind rar – Inlineskaten untermauert, dass unsere Lebenswelt für das Auto konzipiert ist. Gerade das führt zu einer ungeahnten Menge an Konflikten und Gefährdungen, die nicht nur durch das Straßenverkehrsrecht bisher keine Entschärfung gefunden haben, sondern oft auch durch die Inlineskater selbst entschärft werden müssen: durch gute Fahrtechnik und rücksichtsvolles sportliches Verhalten.

➡ Tipps zur Fahrtechnik

Fahrtechniken sind zum Teil komplexe Bewegungsabläufe, die schlecht in wenigen Worten zu beschreiben sind – und schließlich soll dies Buch der Routenbeschreibung dienen und nicht als Lehrbuch eingesetzt werden (dazu finden sich Hinweise im Anhang). Sollten Sie also noch nicht zu den sportlichen Assen gehören, ist es zum korrekten Erlernen von Skatingtechniken sinnvoll, einen Kurs zu buchen. In einem Kurs werden von qualifizierten Instruktoren unter Berücksichtigung Ihrer individuellen

Voraussetzungen Tipps und Hinweise für eine gute Bewegungsausführung, für die Korrektur von Haltungsfehlern und für das Erlernen neuer Techniken weitergegeben.

Basistechniken

Basistechniken dienen dazu, den Grundstein für das sportliche Können in einer Sportart zu legen. Mit zunehmender Sicherheit in der Bewegungsausführung geht die Stärkung des Körpergefühls und des Selbstbewusstseins einher – und der Abbau von Ängsten. Fast jeder kennt den Augenblick, in dem „es ‚klick' macht". Nur das Training von Aufmerksamkeit und Wahrnehmungsfähigkeit ermöglicht vorausschauendes Fahren und Vermeiden gefährlicher Fahrsituationen. Zu den **Basistechniken** zählen: **Aufstehen**, **Fallen**, **einfaches, kurzes Gleiten**, **Heel-Stopp**, **Bogentreten** (Ausweichen).

Fortgeschrittenentechniken

Ist erst einmal die Sicherheit auf den Rollen erlangt, geht es an die Fahrtechniken, die ein gutes Gleichgewichtsgefühl erfordern und die Fähigkeit, mit der Gewichtsverteilung im Fuß zu arbeiten.
Jetzt geht es an die **Verbesserung der Lauftechnik** (Verlängerung der Gleitphase, Optimierung des Abdrucks,) weitere **Bremstechniken** (T-Stopp, Power-Stopp), an die Erweiterung des **Kurvenfahrens** (Übersetzen) und alle **Rückwärtsfahrformen**.

Grundhaltung

Für die Grundhaltung stehen die Füße in V-Stellung schulterbreit auseinander und die Knie sind leicht gebeugt. Der gesamte Oberkörper ist leicht nach vorn geneigt und locker. Je mehr Bewegungsmöglichkeiten Sie Ihrem Körper lassen, umso besser kann er Ungleichgewichte ausgleichen.

Aufstehen

Jeder Anfänger kennt es, wenn ihm bei den ersten Skateversuchen die „Rollen unterm Hintern weglaufen". Mit den Skates an den Füßen nehmen Sie den Vierfüßerstand ein und setzen mit etwas Beweglichkeit den Fuß des Standbeines schräg mit der Fußspitze nach außen neben das knieende Bein. Die Hände stützen seitlich ab. Der andere Fuß wird nun herangezogen und ebenfalls in leichter V-Stellung aufgesetzt. Dabei richten Sie mit gebeugten Knien den Oberkörper auf (Vorsicht, bei zu viel Körpervorlage rollen die Skates nach hinten weg !). Die Skates rollen automatisch mit den Fersen zusammen und bringen Sie in eine stabile Körperhaltung.

a: Hände seitlich aufstützen, einen Fuß aufstellen

b: Gesäß nach oben bringen, den zweiten Fuß an den stehenden heranziehen

c: sicherer Stand in der Grundstellung, Knie leicht auseinander,
   Oberkörper etwas vorgebeugt

Lauftechnik

Als Vorbereitung machen Sie sich zunächst klar, welcher Fuß Ihr Führungsfuß ist, denn nach einem Schubs fangen Sie sich z.B. automatisch mit diesem Ihrem kräftigeren Bein ab. Nach dem Abstoß rollt der Führungsskate nach schräg außen weg. Holen Sie schnell den anderen Fuß bei und rollen Sie parallel auf beiden Skates aus. Diese Grundübung

So fallen wir richtig ...

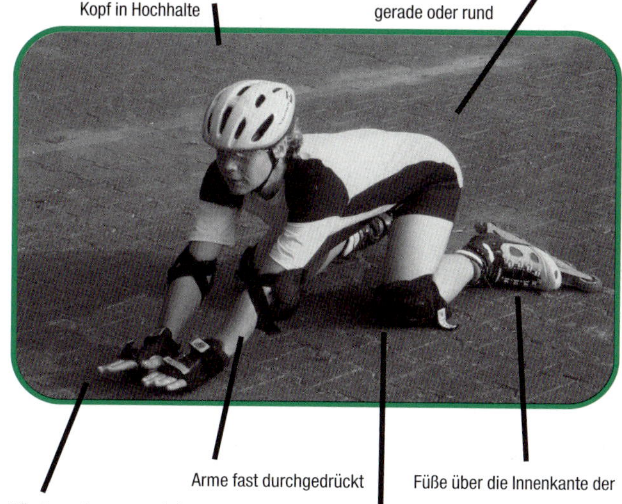

üben Sie im Rhythmus „Abstoßen" (re.) – „parallel" – „abstoßen" (li.) – „parallel"... Lassen Sie das Parallelskaten zwischen den Abstoßbewegungen aus und strecken Sie das abstoßende Bein, bevor es beigeholt wird, so dass sich die Gleitphase auf dem Standbein verlängert. Damit wird deutlich, dass effektives Laufen elementar abhängig ist vom Abstoß und der Gleitphase.

Fallen

Fallen ist schmerzhaft und tut meistens weh – muss es aber nicht! Mit geübten Bewegungen und Reflexen kann man weitgehend schmerz- und verletzungsfrei einen Sturz abfangen. Dabei sollten Sie versuchen, stets nach vorn zu fallen, um Wirbelsäule und Kopf zu schützen. Ängstliche unter Ihnen können zunächst nur mit Schuhwerk üben. Für das Fallen gibt es eine Grundregel: Bringen Sie den Körperschwerpunkt so weit wie möglich nach unten; indem Sie in Knien und Hüfte stark einknicken, kippen Sie über die Innenkante der Rollen mit X-Beinen nach unten und fangen sich auf den Plastikschienen der Handgelenkschoner ab. In der Endhaltung hocken Sie in einem kleinen Päckchen (Po auf den Fersen, Hände nach vorn-unten gestreckt, Kopf nach oben) wie ein Frosch auf der Straße.

Auf Straßen ist Inlineskaten nur dann gestattet, wenn weder ein Gehweg noch ein Seitenstreifen vorhanden ist

Rasen-Stopp

Der Sprung in die Botanik ist als Notbremse gar nicht übel – und Stacheln besser als Brüche. Beim Rasen-Stopp wird die Geschwindigkeit abrupt abgebremst und der Körper entwickelt je nach Ausgangsgeschwindigkeit Fliehkräfte, die Sie ungestüm nach vorne drängen – Sie müssen also auslaufen.

Fersen-, Hacken- oder Heel-Stopp

Als einfache und effektive Art, mit kurzem Bremsweg auch bei höherer Geschwindigkeit den Stillstand zu erreichen, hat der Heel-Stopp zusätzlich den Vorteil, dass auch kontinuierlich gebremst werden kann. Die Beweungsausführung ist „Hocke – Ausfallschritt – Zehen hoch". Der Körperschwerpunkt wird nach unten gebracht, der Führungsfuß (mit der Bremse) nach vorn in die Schrittstellung geschoben. Gleichzeitig sollten Sie die Ferse dieses Fußes

Die richtige Bremstechnik

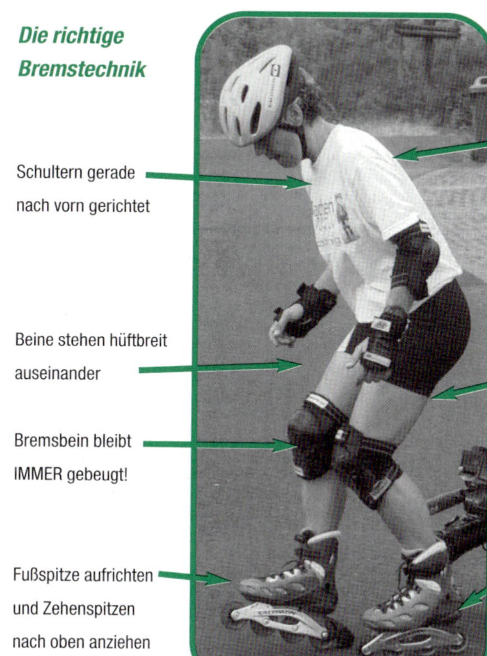

Letzte Rolle bleibt auf dem Boden. Druck in die Ferse geben und Stopper mit der Fläche auf den Boden drücken

Hindernis	**Gefahr**	**Maßnahme**
Stöcke, Zweige, Steine	Abrupt bremsend	Umlaufen oder übersteigen; darauf achten, dass sich Zweige nicht in Rollen verfangen; locker weiterrollen (bei kleinen Steinchen)
Split, Sand	Gleichgewichtsverlust	Darüber rollen oder ganz kleine Schritte machen
Wasser, Öl, feuchte Blätter	Ausrutschen	Darüber rollen, ganz kleine Schritte machen und bei Öl beide Beine parallel zusammenhalten und weiter rollen
Schachtdeckel, Metallgitter Bahnschienen	Hängenbleiben Bremsend	Je nach Größe darüber steigen oder gehen, evtl. in Seitschritten oder springen; sonst in Schrittstellung langsam überrollen
Straßenrillen Pflastersteine	Hängenbleiben Klemmen	Rillen in Fahrtrichtung: durch stark seitlich nach außen geführte Schritte quer zur Rille überwinden, achtsam sein und ggf. die Füße hochheben
Schlaglöcher, Bodenwellen, Bordsteine Auffahrten	Gleichgewichtsverlust	Knie gut beugen und Unebenheiten abfangen; überschreiten; auf die Kante steigen oder springen

belasten, die Zehen anziehen und das Bein zunehmend strecken. Stellen Sie sich vor, Sie stemmen sich mit Entschlossenheit gegen den Asphalt!

➡ *Verkehrssicherheit und Versicherungen*

Sie kennen das: Der Fußgänger auf dem Gehweg fühlt sich vom „flitzenden" Skater bedrängt und bedroht, denn eigentlich dürfte dieser nicht schneller als Schritttempo fahren. Kaum ein Skater kann tatsächlich einschätzen, wie langsam er sich fortbewegen muss, um die 7-km/h-Schwelle der StVO nicht zu überschreiten.

Verkehrsrecht

Die verkehrsrechtlichen Regelungen definieren Inlineskates als „besondere Fortbewegungsmittel" (§ 24 StVO), die trotz der mit ihnen erreichbaren Geschwindigkeiten nachfolgende Regeln einhalten müssen:

➡ Auf Straßen ist Inlineskaten nur dann gestattet, wenn weder ein Gehweg noch ein Seitenstreifen vorhanden ist. In diesem Fall müssen sich Skater innerhalb geschlossener Ortschaften am rechten oder linken Fahrbahnrand halten. Außerhalb geschlossener Ortschaften müssen sie sich, wenn dies zumutbar ist, am linken Fahrbahnrand bewegen. Ansonsten ist das Skaten auf Fahrbahnen und Radwegen grundsätzlich untersagt.

➡ Inlineskater müssen den Gehweg (auch kombinierte Rad-/Gehwege) benutzen, dürfen Fußgängerzonen und verkehrsberuhigte Bereiche befahren, dann aber maximal mit Schritttempo – 7 km/h – und mit ausreichender Rücksichtnahme auf andere Verkehrsteilnehmer, insbesondere auf Fußgänger (§ 1 StVO).

➡ Als „Sport- und Spielgerät" dürfen Inlineskates in eigens gekennzeichneten Spielstraßen mit Zusatzschild auf der Fahrbahn und dem Seitenstreifen benutzt werden (§ 31 StVO).

Für das Inlineskaten auf dem Schulweg gilt, dass grundsätzlich der gesetzliche Unfallschutz greift, unabhängig von der Wahl des Verkehrsmittels (GUVV-Broschüre, 1999). Verantwortlich für den Schulweg sind die Straßenverkehrsbehörden und die Erziehungsberechtigten, die gemeinsam mit der Schule dafür sorgen müssen, dass Kinder und Jugendliche im Rahmen der Informations- und Fürsorgepflicht ausreichend über die Gefährdungen

On the road …

So abrupt kann eine schöne glatte Strecke enden ...

beim Inlineskaten aufgeklärt werden. Dazu dient der Verkehrserziehungsunterricht, der gerade in Grundschulen gemeinsam mit der Polizei durchgeführt wird und die Aufklärung durch die Eltern.

Versicherungsschutz

Der Versicherungsschutz ist ein sehr komplexes Thema, so dass Sie sich im Einzelfall mit Ihrem Versicherungsträger in Verbindung setzen sollten, gerade wenn Sie planen, mit einer Gruppe unterwegs zu sein. Für Sie persönlich sollten Sie eine private Unfallversicherung abgeschlossen haben.

➡ Verhalten in schwierigen Fahrsituationen

Nicht nur, dass Sie auf den Wanderfahrten gelegentlich rauen Asphalt antreffen werden, es könnten je nach Jahreszeit auch Äste, Laub, Steine und andere Hürden Ihren Weg interessant machen. Üben Sie deshalb Gewandtheit und Sicherheit im Skaten. Das Können kleiner Sprünge schadet nicht. Hindernisse überwinden heißt in erster Linie wachsam sein, sich vorausschauend darauf einstellen, das Tempo verringern und langsam, in leichter Schrittstellung rollend, diese Passagen überwinden. In der Tabelle, siehe Seite 36, finden Sie einige Vorschläge, wie Sie mit diesen alltäglichen Herausforderungen umgehen.

Problemzonen beim Inlineskaten:

Asphaltwechsel von glatt zu rau

Längsrillen

Pflasterrillen und Pflasterarten

Risse im Teer

Bei den, in diesem Buch beschriebenen Touren können Sie häufiger Straßensituationen antreffen, die Sie mit den oben genannten „Hürden" konfrontieren. Deshalb sollen hier noch die gängigsten Pflasterungstypen, die durchaus unterschiedliches Fahrverhalten voraussetzen, beschrieben werden. Machen Sie in diesen Fällen kleine Schritte mit gut nach außen abstoßenden Füßen quer zur Fahrtrichtung, um nicht in parallel verlaufenden Rillen oder an hochstehenden Plattengrenzen „hängen zu bleiben".

➡ *Kursangebote und Sicherheitstrainings*

Kurse werden von verschiedenen Trägern angeboten. Fragen Sie zunächst bei Ihrem StadtSportBund nach, welche Vereine eventuell Kurse anbieten oder wenden Sie sich an Fachsportverbände wie den Deutschen Rollsport- und Inline Verband e.V., den Schwimm-, Kanu- oder Skiverband oder Ihren Stadt- und KreisSportBund (Adressen im Anhang). In Sportgeschäften können Sie gelegentlich ein Kursangebot, das von einem Angestellten oder gar einer kooperierenden Skate-Schule durchgeführt wird, buchen. Private Träger wie Inline-Skate-Schulen gibt es fast in jeder größeren Stadt. Lauftreffs und Skaterouten können Sie Tourenführern und im Allgemeinen dem Internet entnehmen. Auch hierzu finden Sie einige Adressen im Anhang.

Im Folgenden finden Sie 17 Inline-Touren für das Gebiet zwischen Aachen, Roermond und Maastricht. Alle Touren werden jeweils mit Karte, Kurzübersicht und ausführlicher Wegbeschreibung vorgestellt. Eine Erläuterung der Kurzbezeichnungen und Symbole folgt im Anschluss.

Erläuterungen zu den Kurzbezeichnungen

Start/Ziel

Die Startlokalität ist durch einen Straßennamen oder eine Sehenswürdigkeit gekennzeichnet und bietet immer ausreichend Platz, um einen PKW abzustellen. Prinzipiell kann fast überall entlang der Strecken gestartet werden. Die Touren enden fast immer am Ausgangsort. Lediglich einige Touren entlang der Kanäle sind als einfache Strecken ausgewiesen.

Streckenprofil

Hier werden „flache" und „weitgehend flache" Strecken unterschieden.

„Flache" Touren sind wirklich flach und haben nur dort geringfügige Anstiege, wenn Brücken (Überführungen von Autobahnen oder Bundesstraßen) zu überqueren sind.

„Weitgehend flache" Strecken zeigen ein welliges Profil mit einigen Anstiegen und entsprechenden Abfahrten. Diese sind mit Symbolen in den Karten verzeichnet. Die Strecken wurden so gewählt, dass alle Abfahrten auch von Anfängern zu bewältigen sind – allerdings sollten Sie trotzdem unbedingt die gängigen Bremstechniken beherrschen. Eine Kategorisierung der Anstiege bzw. Abfahrten haben wir nicht vorgenommen. Einerseits, weil es unmöglich ist, exakte Zahlenangaben zu machen und andererseits, weil es ohnehin schwer ist, solche Zahlen überhaupt einzuschätzen. Darüber hinaus kommt es gerade beim Skaten auf die Länge der Abfahrt an, denn auch leichtes Gefälle über eine lange Strecke kann zu erheblichen Geschwindigkeiten führen.

In den Karten finden sich drei Symbole:

flacher Abschnitt
Abfahrt
Anstieg

Straßenbelag

Generell wird der Straßenbelag als „gut" eingestuft, denn punktuell wiederkehrende Einschränkungen, wie z.B. Wurzelaufwölbungen oder randlich ausgefranste Asphaltdecken, sind schlecht zu fassen. Auf sie wird im Text hingewiesen. Nur die kurzen Passagen, welche außerordentlich schlecht sind, wurden mit Symbolen gekennzeichnet. Auf die, besonders für die landwirtschaftlichen Wege typischen Verschmutzungen wurde bereits hingewiesen. Sie zu vermerken macht wenig Sinn, weil ihre Lokalität wechselt und sie oft nur vorübergehenden Charakter haben.

Sehenswürdigkeiten in der Nähe

Die direkt an der Strecke oder in ihrer unmittelbaren Nähe gelegenen Sehenswürdigkeiten werden mit einem Symbol gekennzeichnet und im Text ganz kurz erläutert.

Gaststätten

Hier erfolgt der Hinweis im Text – wenn möglich auch mit dem Namen. Sind, wie z.B. in Stadtgebieten, reichlich Gaststätten vorhanden, wurde auf einen Hinweis verzichtet. Bei einigen Strecken können Sie keine Einkehrmöglichkeit finden. Ein Kiosk ist aber in fast jedem Dorf vorhanden (sofern er geöffnet ist). Nehmen Sie sich bei längeren Ausflügen aber einen kleinen Rucksack, einen Müsliriegel oder eine Fruchtschnitte sowie etwas zu Trinken mit, damit Hunger und Durst Sie nicht allzu arg plagen können.

Vorsicht

„Vorsicht" ist immer dann angezeigt, wenn an Straßen und Straßenkreuzungen mit mehr Verkehr gerechnet werden muss.

Bei den folgenden Karten finden Sie diese Symbole als Erläuterungen wieder, so dass sämtliche Besonderheiten für Sie auf einen Blick erkennbar sind. Ergänzend wurden mögliche Verbindungen zu benachbarten Touren eingezeichnet.

Symbole in den Karten

mittelgraue Fläche = Ortschaft

dunkelgraue Fläche = Wasser

helle Linie = Straße

dunkelgraue Linie = Fluß-/bachlauf oder Kanal

hellgrüne Fläche = Landwirtschaftliches Gebiet

dunkelgrüne Fläche = Waldgebiet

	Gaststätte
	Kirche/Kapelle
	Mühle
	Wassermühle
	Schloß
	Burg
	Flughafen
	Flugplatz
	Friedhof
	Kohle
	Schleuse
	Gut/Gehöft
HBF	**Hauptbahnhof**

Und so kann das in den Karten aussehen ...

Start: Aachen, Münsterstraße

Parkmöglichkeiten: In den umliegenden Straßen des Gewerbegebietes Neuenhofstraße/Debyestraße

Anfahrt: Vom Zentrum über den Madrider Ring

Ziel: Kornelimünster, Bahnhofsvision

Streckenlänge: Ca. 7 km

Streckenprofil: Flach

Straßenbelag: Asphalt

Schwierigkeitsgrad: Einfach

Fahrkönnen: Anfänger

Für Familien geeignet: Ja

Sehenswürdigkeiten an der Strecke: Viadukte, Kornelimünster

Gaststätten: Bahnhofsvision, In Kornelimünster, Zur Abtei Napoleonsberg, St. Benedikt

Karten: Freizeitkarte Nr. 22, Maßstab 1 : 50.000, Landesvermessungsamt NRW

Sonstiges: An schönen Tagen ist mit hohem „Verkehrsaufkommen" zu rechnen: Fußgänger, Radfahrer, Inlineskater ...

➡ Aachen–Rothe Erde

Den **Vennbahnweg** in Aachen kennt jeder, wirklich jeder. Der Vennbahnweg ist autofrei, von vorn bis hinten gut geteert und weist – eine Seltenheit in Aachen – nur wenig Gefälle auf! Er schlängelt sich landschaftlich schön gelegen durch etliche von Aachens Stadtteilen und ist absolut familientauglich für Große wie Kleine. Der einzige Nachteil: Alle nutzen ihn, wenn einmal schönes Wetter ist. Dann ist es hier so voll wie im Berufsverkehr auf der A 4. Langsame und Schnelle, Alte und ganz, ganz Junge, Hundebesitzer und Reiter, Radfahrer und Jogger und nun auch noch – Inlineskater und Kickboarder. Da hat der schmale, meist etwa 3 m breite Weg einiges zu verkraften!

Die **Vennbahn** wurde von 1883 bis 1889 von Aachen-Rothe Erde über Monschau und St. Vith bis Prüm in der Eifel gebaut. Die Bahnlinie sorgte für wirtschaftlichen Aufschwung, weil sie einerseits das Aachener Kohlerevier mit anderen Industriegebieten verband und andererseits den Eifeler Landwirten die Möglichkeit bot, schnell und günstig den Großraum Köln zu beliefern. Nach dem Ersten Weltkrieg ging die Bedeutung und Nutzung der Linie zurück, weil der Teil zwischen Raeren und Kalter-

Auf der Vennbahn

herberg an Belgien abgetreten werden musste. Am Ende des Zweiten Weltkrieges sprengten deutsche Truppen beim Abzug 1944 die halbe Vennbahn, um den Alliierten das Nachrücken zu erschweren. Die Strecken wurden notdürftig repariert, aber die Konkurrenz der Straße wuchs und wuchs. 1982 wurde mit dem Gleisabbau begonnen, seit 1985 steht die alte Vennbahntrasse dem nicht motorisierten Fuß-, Rad- und sonstigen Verkehr zur Verfügung.

Die erste Einstiegsmöglichkeit in den Vennbahnweg ist am Eisenbahnweg in Rothe Erde kurz vor dem **Madrider Ring**. Leicht ansteigend skaten wir bis zum Beginn von Brand, zwischen Weiden und dem **Industriegebiet Neuenhofstraße** hindurch. Das Industriegebiet weicht ab Brand den Wohngebieten. **Zwischen Eckener und Münsterstraße** liegt ein langes, flaches Stück, bei dem immer wieder Straßen überquert werden müssen. Vorsicht also wegen kreuzender PKW. Etwas kritisch ist die kurze Überfahrt durch den **Kreisverkehr an der Münsterstraße**, weil es leicht abwärts geht. Wir biegen links in den **Vennbahnweg** ein. Nach einer leichten Abwärtsfahrt auf der Vennbahn erreichen wir das erste **Viadukt**.

Das **Viadukt** in luftiger Höhe ist gleichzeitig die Grenze zwischen den Aachener Stadtteilen Brand und Kornelimünster. Schon auf den ersten elf Kilometern der Vennbahn mussten die Planer 1883 gleich zwei große Viadukte mit je fünf Pfeilern und sechs Rundbögen errichten. Das erste – dieses – über das Rollefbachtal, das zweite über das Iterbachtal hinter Kornelimünster. Die Streckenführung von Aachen in die Eifel verlangte aber nicht nur Talbrücken, sondern auch eine geschickte Umgehung des Höhenunterschieds. Deswegen macht die Vennbahn so viele Schleifen. So wurde das Ansteigen des Geländes abgemildert (von Rothe Erde bis Kornelimünster etwa 100 Höhenmeter).

Zwischen dem ersten und dem zweiten Viadukt, das gleichzeitig das Ende der touristisch ausgebauten Vennbahn darstellt, bietet sich eine Einkehrmöglichkeit in der „**Bahnhofsvision**". Der umgebaute alte Bahnhof liegt direkt an der Vennbahntrasse und ist **der** Treffpunkt für Skater. Etwa 100 Meter weiter quert die Vennbahn die Straße **Gangolfsberg**. Wer Straßenschuhe im Gepäck hat, für den lohnt sich ein Ausflug hinab ins historische **Kornelimünster** mit seinen Kopfsteinpflasterstraßen.

Kornelimünster hat ein geschlossenes Ortsbild – eine Rarität im ansonsten so durch den Krieg zerstörten Rheinland. Kornelimünster beeindruckt mit einer Vielzahl hervorragend restaurierter Häuser aus dem 17. und 18.

Familienskaten auf freier Strecke

Jahrhundert. Dabei fehlt keine Art des bürgerlichen Bauens: Fachwerkarchitektur sowie Häuser aus Bruch-, Back- und Blaustein. Die hoch gelegten Eingänge deuten darauf hin, dass die Besitzer mit Überschwemmungen durch das Flüsschen Inde gerechnet haben. Im Zentrum steht die in ihren Ursprüngen aus karolingischer Zeit stammende Korneliuskirche, in deren barocker Korneliuskapelle heute alle sieben Jahre Reliquienschätze gezeigt werden. Die 817 an dieser Stelle gegründete Benediktinerabtei findet sich aber heute in der Oberforstbacher Straße.

Kornelimünster wurde bereits um Christi Geburt durch die Römer gegründet und 1802 zum Wallfahrtsort. 1972 erfolgte die Eingemeindung durch die Stadt Aachen.

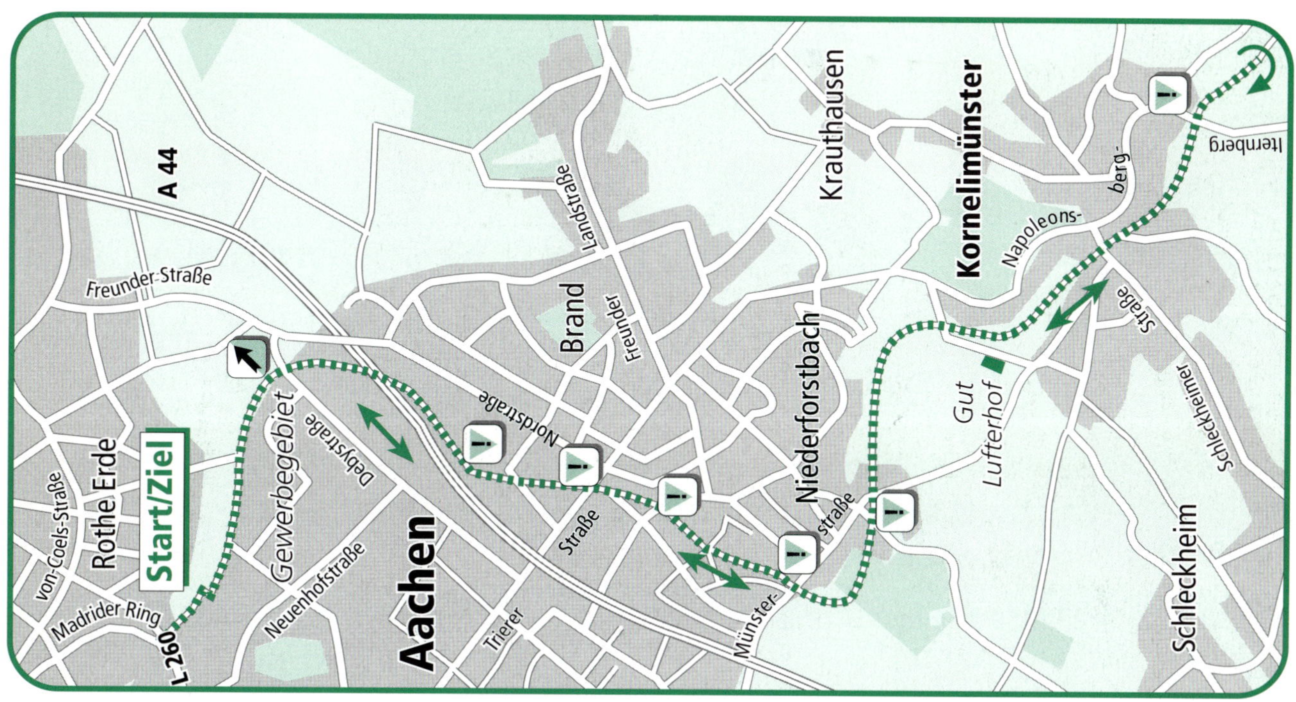
A 44
Freunder-Straße
Landstraße
Krauthausen
Kornelimünster
Napoleons-
berg-
Iterberg
Brand
Freunder
Niederforstbach
Gut
Lufterhof
Straße
Schleckheimer
Rothe Erde
Start/Ziel
Gewerbegebiet
Debystraße
Nordstraße
von-Coels-Straße
Neuenhofstraße
Aachen
Straße
Trierer
Münster-
straße
Schleckheim
Madrider Ring
L 260

Start: Alter Bahnhof Kornelimünster

Parkmöglichkeiten: In den Straßen

Anfahrt: Von Aachen über die Münsterstraße oder Trierer Straße

Ziel: Zum Ausgangspunkt zurück

Streckenlänge: 14 km

Streckenprofil: Wellig

Straßenbelag: Asphalt

Schwierigkeitsgrad: Fortgeschrittene

Fahrkönnen: Bremsen ist unbedingt notwendig

Für Familien geeignet: Ja, bedingt

Sehenswürdigkeiten an der Strecke: Kornelimünster, Voreifel, Westwall, Banneux-Kapelle

Sehenswürdigkeiten in der Nähe: Haus Horr,

Gaststätten: Gaststätte Marianne Schumacher, Hotel/Restaurant Schweizer Hof

Karten: Freizeitkarte Nr. 22, Maßstab 1 : 50.000, Landesvermessungsamt NRW

Sonstiges: Evtl. Schuhe für einen Ausflug in den Ortskern von Kornelimünster mitnehmen

➡ *Aachen – Nütheim*

Wer diese Tour fährt, sieht die ganze Bandbreite dessen, was Aachen so reizvoll macht: Naherholungsgebiete zwischen frei stehenden Bruchsteinhöfen, ruhige Wohngegenden, historische Bauten und ein modernes Industriegebiet mit interessanter Architektur.

Der Einstieg für sehr gute Skater und Skaterinnen ist am **alten Bahnhof in Kornelimünster**, der heute als Restaurant „Bahnhofsvision" dient (siehe Tour 1). Über ein kurzes Stück auf der **Vennbahntrasse** Richtung Kornelimünster landen Sie auf dem **Gangolfsberg**, skaten nach rechts die Straße aufwärts und müssen ab der **Nütheimer Straße**, in die der Gangolfsberg geradewegs übergeht, auf der Straße weiterskaten (Vorsicht!). Erst oben auf dem Berg sollten die Inlineskater einsteigen, die am Ende der Tour nicht sicher das starke Gefälle zurück bewältigen können.

An der **Nütheimer Straße** endet der Bürgersteig. Autos dürfen hier 50 Stundenkilometer fahren, die Straße ist gerade breit genug für zwei Autos und Inlineskater bewegen sich in weit ausholenden Schritten leicht bergan. Fazit: Es wird manchmal eng, und man muss Augen und Ohren offen halten, ob ein Auto kommt.

Abgeschiedenheit längs der Kinkebahn

Der Ausblick auf die typischen „Münsterländer" Kuhweiden entschädigt, er streift über die hügelige Landschaft der **Voreifel**.

In der **Voreifel** fallen 200 bis 300 Millimeter Niederschlag mehr als in Aachen. Dieses feuchtere Klima und die schlechtere Bodenqualität als in der Niederrheinischen Bucht, die schon in den nördlichen Stadtteilen Aachens beginnen, führen dazu, dass das Land hier vorwiegend als Grünland für die Viehwirtschaft genutzt wird. Kuhweiden mit Windschutzhecken, wie sie in ausgeprägter Form aus der Eifel bekannt sind, prägen das Landschaftsbild.

Unübertroffen genussvoll wird die Fahrt, wenn man das letzte Haus von Nütheim hinter sich gelassen hat, denn dann wird der Weg bis zur Raerener Straße – die **Kinkebahn** – autofrei. Direkt an der Unterführung unter der Monschauer Straße wird die Straßenqualität für kurze Zeit recht schlecht. Hier lohnt sich ein Blick rechts und links der Kinkebahn, an der sich Relikte des **Westwalls** finden, der fünfzügigen Höckerlinie, die von der Monschauer Straße bis zum Flüsschen Inde in Kornelimünster führte.

Der **Westwall** wurde 1936-39 von den Nationalsozialisten errichtet, die so die Westgrenzen des so genannten Dritten Reiches von der Schweizer Grenze bis nach Viersen am Niederrhein verstärken wollten. Die

Höckerlinien dienten als Panzerhindernisse, waren in Wirklichkeit aber Teil eines der größten Propagandacoups der Nazis, weil Volk und Ausland über den schlechten Zustand und die gescheiterte Fertigstellung vor Kriegsbeginn im Unklaren gelassen wurden. Der Westwall war in fast allen Abschnitten eine unfertige und daher unbrauchbare Befestigungslinie, ein Torso, der nur durch die Nazi-Propaganda mit dem Mythos des Unbezwingbaren versehen wurde. Er wurde auch von den Alliierten weit überschätzt, die erst spät einen Versuch wagten und die Westbefestigung im Oktober 1944 fast mühelos durchbrachen. Nach dem Krieg wurden große Teile des Westwalls durch die Alliierten zerstört. Die erhaltenen Teile sind heute als Bodendenkmal ein Mahnmal für den Frieden.

An der **Raerener Straße**, die bis zur Autobahn die Grenze zwischen Deutschland und Belgien bildet, biegen wir nach rechts ab. Hier gibt es wieder keinen Fuß- oder Radweg und die Autos dürfen 70 Stundenkilometer schnell fahren. Die Straße ist allerdings nicht sehr stark befahren, und weil sie an dieser Stelle schnurgerade ist, können Skater und Autos früh Sichtkontakt aufnehmen. Am Ende der Geraden liegt in der Kurve auf der linken Seite die **Banneux-Kapelle**, auch **Kapelle der Jungfrau der Armen** genannt – ein Wallfahrtsort.

Kapelle am Wegesrand

Gewerbegebiet Pascalstraße

Im belgischen Banneux soll vor etwa 50 Jahren die Jungfrau der Armen einem Kind erschienen sein und ihm eine Quelle gezeigt haben. Seitdem ist der belgische Ort ein **Wallfahrtsort** für Marienpilger. Lichtenbusch hat an dieser Stelle eine Gebetsstätte errichtet – die **Kapelle der Jungfrau der Armen** –, damit die Pilger aus dem Grenzland nicht die Reise bis Banneux antreten müssen. Die vielen Dankestafeln und die immer brennenden Kerzen zeigen, dass die Gebetsstätte offensichtlich häufig besucht wird.

Nach der Kurve bietet sich auf der linken Seite eine Gelegenheit zur Einkehr in der Gaststätte Marianne Schumacher. Kurz darauf biegen wir rechts in die **Kesselstraße** ein und fahren über den Bürgersteig zurück zur **Monschauer Straße**. Sicher und bequem ist es, statt geradeaus erst ein Stück nach rechts auf dem Radweg der Monschauer Straße zu fahren, um dann nach etwa 100 Metern über die Ampel nach links auf den Radweg des **Gewerbegebietes Pascalstraße** zu gelangen.

Das **Gewerbegebiet** ist eines der jüngsten in Aachen, was der Architektur deutlich anzusehen ist. Auf den über 80.000 Quadratmetern ist noch Platz für Unternehmen mit technisch-innovativem Anspruch.

Am Anfang der Pascalstraße ist eine weitere Einkehrmöglichkeit nach links ausgeschildert: das Bistro im **Hotel/Restaurant Schweizer Hof**. Die Tour geht weiter geradeaus auf der **Pascalstraße** bis zur Aachener Straße. Über die Aachener Straße hinweg leicht nach links in den **Kroitzheider Weg** hinein sollten nur sehr gute Inlineskater fahren. Ab hier nimmt das Gefälle bis zum Ausgangspunkt der Tour stetig zu. Der **Wilburgpfad**, der rechts vom Kroitzheider Weg abzweigt, ist landschaftlich ein Kleinod unter den von vielen Hecken begrenzten Feldwegen im Aachener Süden. Leider muss man sehr auf den Untergrund achten, unter dem sich die Wurzeln der alten Bäume ihren Weg mit Macht gesucht haben. In der Mitte des Pfades kreuzt er sich mit der **Kierstraße**, und man muss um das Bauernhaus rechts herumfahren, um die Fortsetzung des **Wilburgpfades** zu finden.

Am Ende sieht man rechts die **Benediktinerabtei Kornelimünster** liegen. Die **Benediktinerabtei Kornelimünster** wurde durch Ludwig den Frommen 817 zehn Kilometer südöstlich des Aachener Pfalzbezirkes als Kloster gegründet. 1802 wurde das Kloster Kornelimünster wie alle Klöster im Rheinland durch Napoleon aufgelöst. Als die Benediktiner 1906 nach Kornelimünster zurückkehrten, waren die alten Gebäude inzwischen im

Die Kinkerbahn

Moderne Architektur in Oberforstbach

An der **Oberforstbacher Straße** setzen wir die Tour nach links fort. Nach einem kurzen Stück zweigt rechts ein Feldweg ab. Er bringt uns zur **Münsterstraße**, die nach rechts stetig abfallend auf die **Kreuzung Oberforstbacher/Schleckheimer Straße** führt, an der links der Ausgangspunkt liegt.

An der Aachener Straße sollten die Skater, die sich das Gefälle nicht zutrauen, leicht nach rechts in die **Schleckheimer Straße** abbiegen. So gelangen Sie über einen – wenn auch teilweise schmalen – Fuß/Radweg auf der linken Straßenseite bis zur unbefahrenen **Corrgasse**. Sie zweigt rechts hinter einem Bauernhof ab und bringt Sie ohne jegliches Gefälle wieder zur **Nütheimer Straße** zurück.

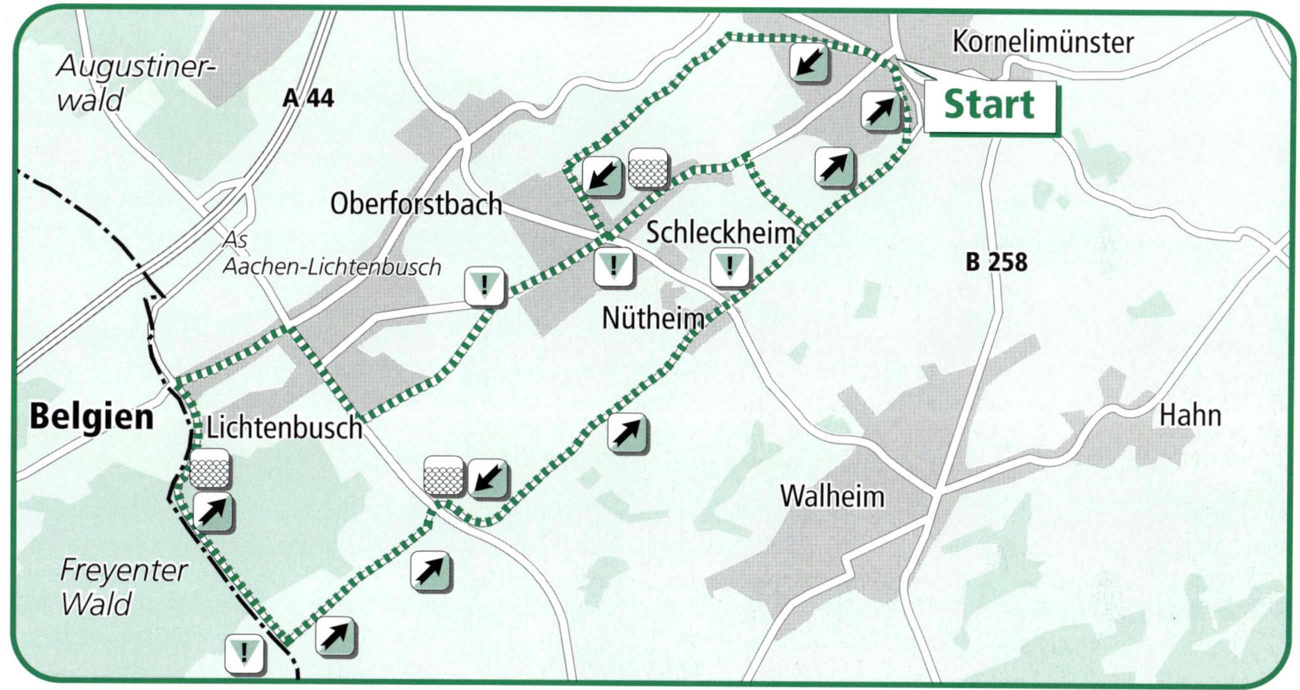
Kornelimünster
Start
Augustiner-
wald
A 44
Oberforstbach
Schleckheim
As
Aachen-Lichtenbusch
B 258
Nütheim
Belgien
Lichtenbusch
Hahn
Walheim
Freyenter
Wald

Start: Siegel, Monschauer Straße
Parkmöglichkeiten: Parkplatz
Anfahrt: Über Luxemburger Ring
Ziel: Ausgangspunkt
Streckenlänge: 15 km
Streckenprofil: Wellig bis bergig
Straßenbelag: Stark wechselnd, z.T. mit Verschmutzungen
Schwierigkeitsgrad: Schwer
Fahrkönnen: Fortgeschrittene; sicheres Bremsen notwendig
Für Familien geeignet: Nein
Sehenswürdigkeiten an der Strecke: Kornelimünster und die Benediktinerabtei, typische Bruchsteinhäuser, Heckenlandschaft der Voreifel
Gaststätten: Hotel/Restaurant Bismarckturm mit Gartencafé, Hotel/Restaurant „Zur Heide" mit Gartenlokal, Bahnhofsvision

➡ Aachen – Oberforstbach

Östlich der **Monschauer Straße** ist kein Inline-Revier in Aachen, denn hier gibt es durch den Aachener Wald einfach kein geteertes Durchkommen. Da die **Monschauer Straße** aber ihre Qualitäten hat – der Fuß-/ Radweg ist erfreulich breit, sehr gut geteert und schlängelt sich in leichten Wellen stadtauswärts – ist sie erneut Ausfallroute für eine Tour.

Wir starten also wieder einmal vom Parkplatz des Waldstadions am I. Rote-Haag-Weg.

Wir skaten also erst einmal stadtauswärts in Richtung Monschauer Straße. Etwa 200 Meter hinter dem Ausflugslokal „Bismarckturm" bietet sich die Gelegenheit, sich den Namensgeber des Restaurants – den Bismarckturm selbst – auf dem Gelände des **Wald- und Ehrenfriedhofes** anzuschauen. Dafür sind allerdings Straßenschuhe erforderlich.

Der **Bismarckturm**, der kostenlos bestiegen werden kann, liegt auf dem Gelände des Wald- und Ehrenfriedhofs. Das Aachener Denkmal in symbolträchtiger B-Form wurde 1907 der Öffentlichkeit übergeben. Geöffnet ist der Turm montags bis freitags von 8.00 bis 16.30 Uhr und samstags von 8.00 bis 11.45 Uhr. Von oben hat man einen herrlichen Rundblick über den Aachener Talkessel im Norden, die Alsdorfer Bergbau-Abraum-halden im Nordosten, bis weit in die Eifel im Süden hinein.

Nach etwa drei Kilometern auf der Monschauer Straße liegt an der Kreu-zung zur Oberforstbacher Straße rechts das Hotel/Restaurant „Zur Heide" mit Gartenlokal. Die Monschauer Straße kann mit Hilfe einer Ampel nach links zur **Oberforstbacher Straße** hin überquert werden. Auf dem Bür-gersteig fahren wir ein kurzes Stück, bis links der absolut lohnenswerte **Ritscheider Weg** abzweigt.
Am Ritscheider Hof ist die Tour für nicht absolut sichere Skater und Ska-terinnen leider zu Ende. Hier liegt meist etwas Split und mit eventuell auftauchendem Gegenverkehr muss gerechnet werden. Der Weg fällt kurz steil ab und macht eine scharfe Rechtskurve; ein Vorgeschmack auf die nun folgende anspruchsvolle Streckenführung: Die Tour führt zu-nächst bis zur **Aachener Straße**. Diese wird überquert und der schmale Bürgersteig links auf der **Niederforstbacher Straße** genutzt. Für ein kurzes Stück von 20 m müssen Sie mit schnell fahrenden Autos die Stra-ße teilen, bevor rechts der **Feldweg Bierstrauch** abbiegt. Ab jetzt geht es über den **Rindsbergweg** (nächste Kreuzung links) und die **Pützgasse** (Verlängerung des Rindsbergwegs nach links) bis zum **Vennbahnweg**

heftigst auf und ab. Aber die Umgebung mit den vielen alten, frei stehen-den Bruchsteinhäusern lohnt sich. Viehweiden mit Windschutzhecken prägen hier in der Voreifel das typische Landschaftsbild.

Weide- und Windschutzhecken dienten ursprünglich zur allseitigen Be-grenzung von Weideflächen und erlangten erst später zunehmend Bedeu-tung als Windschutz und Biotop. Durch das Zusammenspiel von Mikro-klima, Boden- und Wasserhaushalt mit Tier- und Pflanzenwelt stellen sie stabilisierende Landschaftselemente dar. Sie verbessern das Ortsklima, den Boden durch Humusbildung, vermindern Verdunstung und erhalten die Bodenfeuchtigkeit, bewirken 10–20% höhere Ernteerträge, produzie-ren Holz und beleben das Landschaftsbild. Zudem bieten sie in der Kultur-landschaft den Tieren und Pflanzen Rückzugs-, Brut- und Nahrungs-möglichkeiten. Sie sind Überwinterungsquartier und Witterungsschutz für viele Säuge- und Kleintiere. So können bis zu 10.000 Tierarten und über 1.000 Pflanzenarten in Hecken leben. Insgesamt stehen über 25 Baum-, Strauch- und Lianenarten in Hecken.

Auf der **Niederforstbacher Straße** gelangen Sie über ein kurzes Stück nach rechts zum Kreisverkehr an der **Münsterstraße**. Rechts herum

Benediktinerabtei Kornelimünster

Freiheit …

kommen Sie zur Einfahrt in das letzte Stück des **Vennbahnweges**. Diesen Weg müssen Sie vor dem Restaurant „**Bahnhofsvision**", dem alten Bahnhof, nach rechts über den Parkplatz verlassen. Noch einmal nach rechts gelangen Sie auf die **Münsterstraße**. Der stramme Anstieg über den Bürgersteig bis zu dem kleinen Feldweg ohne Namen, der 50 Meter hinter der letzten Bebauung nach links abzweigt, ist wegen der vielen Ein- und Ausfahrten kein großes Vergnügen. Aber der kleine Weg stößt wieder auf den Feldweg **Bierstrauch**, der nach rechts abbiegt und uns geradewegs wieder zurückführt zur **Niederforstbacher Straße**.

Wenn Sie noch einen kleinen historischen Abstecher machen möchten, können Sie am Ende des kleinen Weges, bevor Sie in den Bierstrauch einbiegen, 50 Meter nach links auf der **Oberforstbacher Straße** bis zur **Benediktinerabtei Kornelimünster** skaten.

Von der **Niederforstbacher Straße** aus folgen Sie dem Hinweg entgegengesetzt über **Ritscheider Weg** und **Monschauer Straße** abwärts zurück zum Ausgangspunkt am Waldstadion.

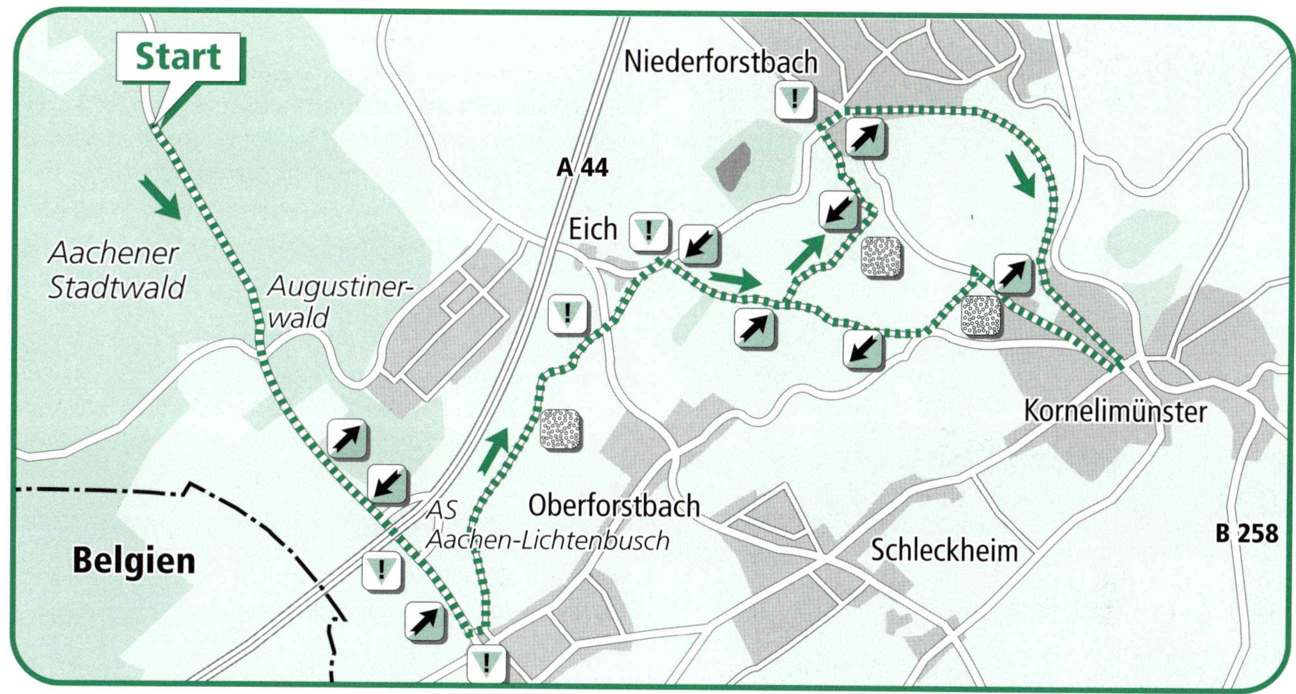
Start
Niederforstbach
A 44
Eich
Aachener Stadtwald
Augustiner-wald
Kornelimünster
AS Aachen-Lichtenbusch
Oberforstbach
Belgien
Schleckheim
B 258

Start: Kreuzung Ronheider Weg, Ecke Eupener Straße (alternativ: Waldstadion)

Parkmöglichkeiten: Parkplätze im Ronheider Weg (alternativ: Waldstadion)

Anfahrt: Von der Stadt aus über die Eupener Straße

Ziel: Startpunkt

Streckenlänge: 15 km

Streckenprofil: Wellig mit wenigen moderaten oder ganz kurzen Abfahrten

Straßenbelag: Asphalt

Schwierigkeitsgrad: Mittel

Fahrkönnen: Bremstechnik ist unbedingt erforderlich

Für Familien geeignet: Ja

Sehenswürdigkeiten an der Strecke: Waldstadion, Bismarckturm, Hebscheider Hof, Kohlshof, Schellartshof, Alt Linzenshäuschen, Aquarium

Sehenswürdigkeiten in der Nähe: Jüdischer Ehrenfriedhof

Gaststätten: Hotel/Restaurant Bismarckturm, Alt Linzenshäuschen

Karten: Freizeitkarte Nr. 22, Maßstab 1: 50.000, Landesvermessungsamt NRW

➡ Aachen – Stadtwald

Bei dieser Tour macht sich die geographische Lage Aachens in der Voreifel bemerkbar. Die Strecke bleibt eigentlich nie länger als 100 Meter eben, immer geht es leicht auf und ab und auf der zweiten Hälfte der Runde wird das Gefälle gelegentlich ziemlich heftig.

Nur gute Inlineskater und -skaterinnen sollten den Einstieg auf der **Kreuzung Ronheider Weg/Eupener Straße** wählen – Anfänger steigen besser am **Waldstadion** in die Tour ein.

Sie skaten auf dem Fuß-/Radweg der Eupener Straße bis zur Kreuzung mit der **Luxemburger Allee** – kreuzen auf die gegenüberliegende Seite und biegen vor der Tankstelle rechts in den **I. Rote-Haag-Weg** ein, den es bergauf geht in Richtung Waldstadion.

Das **Waldstadion** wurde 1925 gebaut, um das damals wachsende Bedürfnis nach Spiel und Sport in der Bevölkerung befriedigen zu können. Besonderes planerisches Augenmerk wurde auf den Hauptzugang gelegt, der sparsame expressionistische Formen zeigt.

Am Ende des I.Rote-Haag-Wegs liegt auf der linken Seite das **Hotel/ Restaurant Bismarckturm** mit Gartencafé. Hier biegen wir nach rechts auf den Fuß-/Radweg der **Monschauer Straße**. Er ist erfreulich breit, sehr gut geteert und schlängelt sich in leichten Wellen durch den Wald stadtauswärts. Diese optimalen Straßenbedingungen machen diesen Streckenabschnitt erfreulich angenehm, obwohl nebenan recht viel Verkehr vorbeirauscht. Lohnenswert ist an dieser Stelle ein kurzer Ausflug zum **Bismarckturm**, der kostenlos bestiegen werden kann und auf dem Gelände des Wald- und Ehrenfriedhofs liegt, an dem unsere Tour vorbeiführt.

Die Idee zum **Bismarckturm** kam im Zuge der großen „Bismarck-Manie", die Ende des 19. Jahrhunderts über die Lande schwappte. Doch das Aachener Denkmal in symbolträchtiger B-Form wurde erst 1907 der Öffentlichkeit übergeben. Im Zweiten Weltkrieg erlitt der Turm schwere Schäden, wurde repariert, geöffnet, geschlossen und dann im Frühjahr 2000 wieder geöffnet. Zu erreichen ist er – mit Straßenschuhen (!) – über den Eingang ganz links am Waldfriedhof. Geöffnet ist der Turm montags bis freitags von 8.00 bis 16.30 Uhr und samstags von 8.00 bis 11.45 Uhr. Von oben hat man einen herrlichen Rundblick über den Aachener Talkessel im Norden, die Alsdorfer Bergbau-Abraumhalden im Nordosten, bis weit in die Eifel im Süden hinein.

Die Tour geht weiter auf der **Monschauer Straße**. In einer leichten Abfahrt – die Autobahn Aachen-Lüttich schon im Blick – biegt rechts ein kleiner Weg in die Felder ab. Zunächst über Betonplatten, wenig später über Asphalt, skatet man in Richtung „**Grüne Eiche**". Dort angekommen, kann man 50 Meter nach links skaten, um einen Blick auf den **Hebscheider Hof** zu werfen.

Der 600 Jahre alte **Hebscheider Hof**, ein spätgotischer Profanbau mit Wassergraben, hat als Grenzmarkierung jahrhundertelang Geschichte geschrieben. Er taucht zuletzt 1919 im Versailler Vertrag namentlich als Grenzpunkt auf, als der Kreis Eupen Belgien zugesprochen wurde. Heute verläuft die Grenze etwas weiter westlich. Vor dem Bau der A 44 lag Hebscheid an der Ausfallstraße Aachens in die Eifel und ist den älteren Aachenern deswegen ein Begriff. Der letzte Bauer des Hofes, der 1988 gestorben ist, hat am Ende des Zweiten Weltkrieges, im Oktober 1944, mit diplomatischem Geschick den Wohnturm vor einer Sprengung durch die abziehenden deutschen Soldaten gerettet. Die zwei Wappentiere über dem Eingangstor zum Hof beweisen, dass hier einmal Adel gelebt hat. In den 90er Jahren wurde das Gutshaus mit nördlicher Schildmauer, Brunnen, Hundehütte, Schmiede, Reit- und Viehställen durch ein Langzeitarbeitslosenprojekt vor dem Verfall gerettet und wieder aufgebaut. Die Wirtschaftsgebäude wurden zu Büro- und Schulungsräumen umgebaut.

Kehrt man dem **Hebscheider Hof** den Rücken und setzt die Tour fort, skatet man am wunderschön gelegenen **Schellartshof** vorbei, auf dessen kleinem Teich im Frühjahr die Entenküken das Schwimmen lernen. Die nicht sehr guten Skater und Skaterinnen sollten wieder über die **Monschauer Straße** nach links zu ihrem Ausgangspunkt zurückfahren. Die anderen biegen von der „**Grünen Eiche**", ca. 100 Meter bevor diese auf die **Monschauer Straße**, trifft scharf links in den **Augustinerweg** ein.

Wie auf so vielen **Waldwegen im Grenzbereich** entwickelte sich hier vor allem in der Nachkriegszeit ein reger Fußverkehr durch Schmuggler. Zwischen 1946 und 1952 wurden viele grenznahe Abschnitte sogar zu Sperrzonen erklärt. Mit der Senkung der Kaffee- und Teesteuer ließ 1953 der inoffizielle Warenverkehr deutlich nach und der Augustinerweg wurde wieder vorwiegend als Spazierweg genutzt.

Er führt wunderschön mitten durch den Wald, was mit sich bringt, dass kleine Äste, Split oder Laub den Weg stellenweise „zieren". Dort heißt es

Am Schellartshof

Alt Lizenshäuschen

also, Füße/Skates stabil halten, weniger Gas geben und rollen lassen. Etwa 500 Meter vor der **Eupener Straße** verliert der Weg auf kürzester Strecke kräftig an Höhe. Das ist der Auftakt der Abfahrt zurück zum Ausgangspunkt. Über die **Eupener Straße** mit ihrem gut geteerten, breiten Radweg geht es bis kurz hinter das Restaurant **Alt Linzenshäuschen** auf der gegenüberliegenden Seite.

Der Wachturm von **Alt Linzenshäuschen** aus dem 15. Jahrhundert an der Ausfallstraße Aachens nach Westen hat sich seit Ende des 19. Jahrhunderts zu einem beliebten Ausflugsziel entwickelt. Damals wurde der Aachener Stadtwald, der „Öcher Bösch", als Erholungsgebiet entdeckt und gepflegt. Mittelalterliche Mauerreste mischen sich heute mit neuzeitlichen Auf- und Anbauten des Restaurationsbetriebes.

Die **Eupener Straße** wird ab **Alt Linzenshäuschen** immer abschüssiger. Etwa 300 Meter weiter kreuzen wir die **Eupener Straße** (Vorsicht, Verkehr!) in den **Grindelweg**, halten uns rechts und skaten vorbei am **Stauweiher Diepenbenden** (das „Aquarium", das am Weiher so wunderschön in der Sonne liegt, hat leider nachmittags geschlossen und versteht sich nicht als Ausflugslokal). An der Weggabelung biegen wir leicht

Moderne „alte" Backsteinhäuser

Versteckt gelegen: der Hebscheider Hof

nach links in den steilen **Höfchensweg** mit schlechter Asphaltdecke ein. In der Tempo-30-Zone gibt es keinen Fußweg – Vorsicht also wegen gelegentlicher Pkw. Nach 50 Metern geht es links in den **Martelenberger Weg**, der nicht nur schlechten Asphalt, sondern auch erhebliches Gefälle aufweist. Achtung! Kräftig bremsen und das Tempo kontrollieren, sonst rauscht man ungebremst über den viel befahrenen **Luxemburger Ring**. Wir kreuzen diesen auf die andere Seite und skaten im **Martelenberger Weg** weiter leicht hinauf, bis zur Kreuzung mit dem **Ronheider Weg** – noch vor der Bahnunterführung. Hier biegen wir rechts ab, um auf dem gepflasterten, aber breiten Bürgersteig bis zum Ausgangspunkt zurückzuskaten.

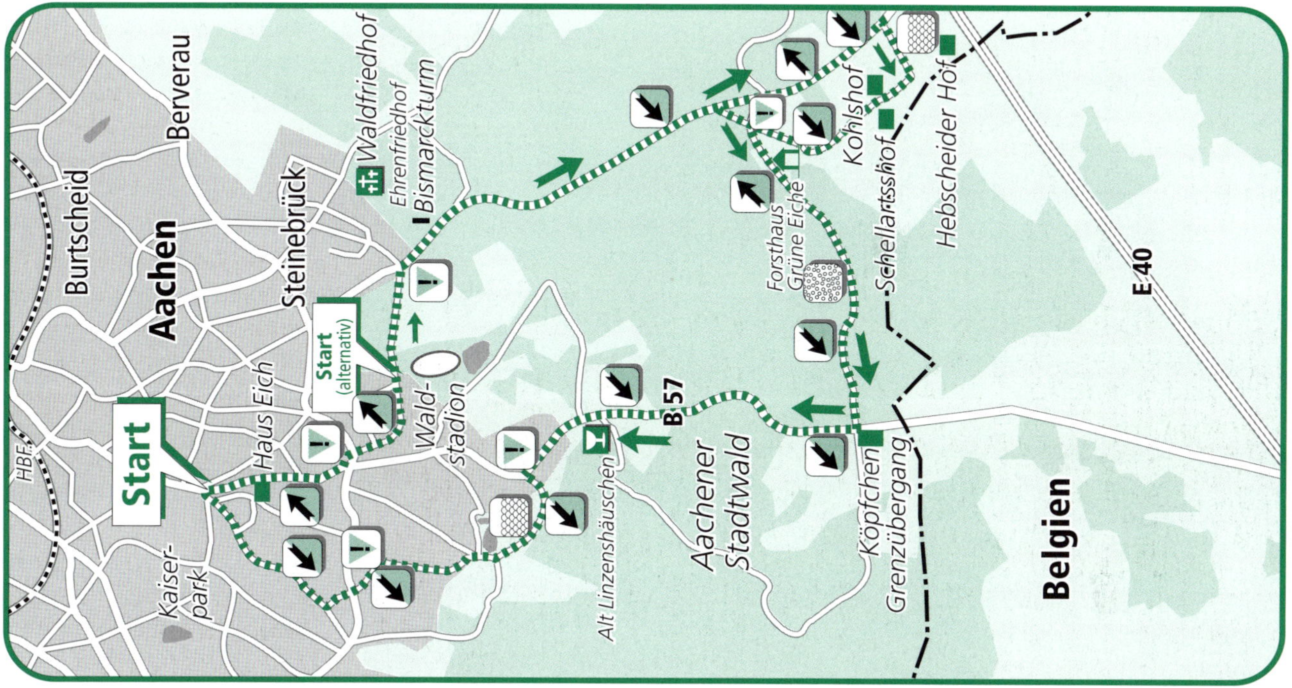

Berverau
Burtscheid
Aachen
Steinebrück
Waldfriedhof
Ehrenfriedhof
Bismarckturm
Haus Eich
Start
Start (alternativ)
Wald-stadion
HBF
Kaiser-park
Alt Linzenshäuschen
B 57
Aachener Stadtwald
Forsthaus Grüne Eiche
Schellartsshof
Kohlshof
Hebscheider Höf
Köpfchen Grenzübergang
E 40
Belgien

➡ *Merzbrück*

Start: B 264 Höhe Flugplatz, an der Linde (Naturdenkmal)
Parkmöglichkeiten: Unter der Brücke der B 264
Anfahrt: Über die B 264 aus Broichweiden
Ziel: Zum Ausgangspunkt zurück
Streckenlänge: 18 km
Streckenprofil: Wellig
Straßenbelag: Asphalt, stellenweise löchrig oder verschmutzt
Schwierigkeitsgrad: Mittel
Fahrkönnen: Anfänger mit gutem Bremskönnen
Für Familien geeignet: Bedingt (im Bereich des Flugplatzes)
Sehenswürdigkeiten an der Strecke: Flugplatz, Rekultivierungsgebiet, Kinzweiler Burg
Sehenswürdigkeiten in der Nähe: Haus Kambach/Kinzweiler
Gaststätten: In Röhe und in Kinzweiler
Karten: Kompass Wander- und Radtourenkarte Nr. 757, Aachen und das Dreiländereck, Maßstab 1: 50.000
Sonstiges/Besonderheiten: Schöne, weite Aussicht im Rekultivierungsgebiet auf die Braunkohlentagebaue Inden und Hambach

Wir starten an der **B 264** in Richtung Eschweiler-Röhe auf dem rechtsseitigen Radweg. Hier können von Speed-Freaks Kilometer gemacht werden, denn es geht schnurstracks geradeaus, über leichte Wellen, auf breitem Weg und glattem Asphalt. Kurz hinter dem Flughafen geht es über die Gleise der alten Güterverkehrsbahn, die heute nicht mehr in Betrieb sind.

Der **Flughafen Merzbrück** dient als Standort für den ADAC-Hubschrauber ebenso wie für die Segelflieger und kleinen Motorflieger der Region. Rundflüge über Aachen und die Umgebung (Dauer 15 Minuten) oder die Eifelseen (Dauer 30 Minuten) können bei Westflug GmbH (Tel. 02405-72525) gebucht werden. Eine Nutzungsstudie erbrachte 1997 folgende Frequenzen: 7.300 Starts und Landungen im Schulungsverkehr, 275 im „Taxiverkehr" mit kleinen Personenmaschinen, 387 Rundflüge und 71 gewerbliche Flüge. Die Segelflugzeuge werden mit motorisierten Schleppermaschinen in die Luft gebracht. Die Start-und-Lande-Bahn ist zurzeit etwa 500 m lang und für Flugzeuge bis zu einem Maximalgewicht von 3 t ausgelegt. Es ist, nicht ohne Proteste aus der Bevölkerung, angedacht, den Flughafen mit einer Verlängerung der Start-/Landebahn auf 1.500 m

Mergelsteinerhäuser in Kinzweiler

Im Bereich der vereinzelt an der Straße liegenden **Höfe** ist mit leichten Verschmutzungen durch landwirtschaftlichen Verkehr zu rechnen. Es geht leicht bergan und auf Höhe der Verbindungsstraße von St. Jöris zum Gut Klösterchen müssen wir auf die andere Straßenseite wechseln. Auch hier ist der Radweg gut ausgebaut und leicht ansteigend nähern wir uns der Autobahn. Etwa 100 m davor biegen wir links ein in einen **Feldweg**, den es erst bergab geht (Vorsicht, bremsen!), in einem Linksbogen an einigen Häusern (**Sterzbusch**) vorbei wieder bergan bis zur T-Kreuzung, an der wir links abbiegen. Wer den Blick schweifen lässt, kann von hier einen wunderschönen Ausblick genießen. Es geht erst flach weiter bis auf Höhe einer Weihnachtsbaumkultur. Ab hier ist wahres Bremskönnen gefordert (!) und wir sollten stetig mehr bremsen, denn es geht immer stärker bergab und der Weg wird zunehmend schlechter (Tipp: links halten).

Über die **Nickelstraße** kommen wir auf die gepflasterte Ortsdurchfahrt von **Röhe**, wir halten uns links (**Goerdtstraße**) und kommen an alten Mergelsteinhäusern vorbei. Die Straße, auf der nur wenig Verkehr herrscht, endet an einem **Stoppschild** vor der **Wardener Straße**. Wir skaten direkt hinüber und biegen sofort rechts ab (**Am Römerhang**), halten uns wegen des sehr schlechten Bürgersteiges auf der Straße (Vorsicht, Verkehr!) und skaten leicht abschüssig auf geflickter Straße durch die Bebauung. Nach etwa 200 m gelangen wir auf einen **Feldweg**, der neu, glatt und schön zum Gasgeben einlädt. An der nächsten T-Kreuzung halten wir uns links, skaten vorbei am **Gestüt Birkhof** (rechts), dem **Neubroicher Hof**, dem **Obermerzer Hof** (links) bis zur **K 10 – Alsdorfer Straße** (Vorsicht, Verkehr!). Wir queren auf die andere Straßenseite, biegen rechts ab und skaten den Radweg entlang bis zum nächsten Feldweg, in den wir links einbiegen. Der Feldweg ist zunächst stark verschmutzt und rau, bessert sich aber sehr. Von hier gibt es einen schönen, an klaren Tagen sehr weiten Blick bis zur Sophienhöhe und in die Braunkohlegebiete mit ihren riesigen Baggern.

An der nächsten Kreuzung skaten wir links ab auf einen sehr breiten Feldweg mit leicht rauem Asphalt. Es geht leicht bergan über die Brücke der **L 240** (ein Blick zurück lohnt sich hier) und dahinter können wir ausrollen lassen. Wir kommen am **Langendorfer Hof** (links) vorbei und gelangen nach einem kleinen Schlenker zur **Kinzweiler Burg**.

Die Ursprünge der **Kinzweiler Burg** reichen bis 1234 zurück, als ein Windrich von Kinzweiler zwei Festen erbaute, deren wechselvolle Geschichte jedoch ohne nennenswerte Nachklänge blieb. Kurfürst Karl

Versteckt: die Kinzweiler Burg

Theodor von der Pfalz errichtete im 16. Jahrhundert auf den verrotteten Gemäuern der Festen ein schlossähnliches Herrenhaus mit zwei Vorburgen. Das Gebäude wird heute noch von einem Wassergraben umgeben und liegt versteckt hinter dichten Bäumen.

Wir halten uns auf der **Wardener Straße** ein kleines Stück rechts und kreuzen in die **Kirchstraße**, skaten auf dem schlechten, schmalen Bür-

Weite Sicht

gersteig rechts ab in die **Pannesstraße** (Gaststätte „Zander"), biegen die nächste links ab (**Kalvarienbergstraße**) und bleiben auf dem linksseitigen Bürgersteig, bis wir zur **Pferdegasse** gelangen, in die wir links hineinskaten. Hier liegt sehr idyllisch die Gaststätte „Zum Kuckuck". Es geht bergab (bremsen!) und wir gelangen zur **Kirchstraße**, die wir rechts einbiegen und ortsauswärts skaten. Wir müssen – da kein Rad-/Fußweg vorhanden ist – auf der Straße bleiben (Vorsicht, Verkehr!), folgen parallel eines kleinen Tälchens und kommen nach 1 km in **St. Jöris** aus. Biegen rechts ab (**Neusener Straße**), skaten vorbei am Weiher der evangelischen Kirche und biegen in die **Begauer Straße** rechts ab. Auch hier können wir nur auf der Straße bleiben (wenig Verkehr) und gelangen nach 2 km auf glattem Asphalt hinter einer Linkskurve nach **Begau**, – vorbei an einem alten Wegkreuz und mit schönem Blick nach rechts in die weite Landschaft. Am Ortseingang Alsdorf-Begau kommen wir in eine Tempo-30-Zone bis zum kreuzenden **Römerweg**, in den wir nach links einbiegen. Ab hier ist der Weg gepflastert – wir kreuzen die **alte Bahntrasse** (Vorsicht, 10 m unbefestigter Weg!), halten uns dahinter links und skaten auf gepflastertem, mehr oder weniger verschmutztem **Feldweg** parallel zur Autobahn für fast 4 km immer geradeaus in Richtung Merzbrück. An der **B 264** angekommen, skaten wir wenige Meter nach links und sind am **Ausgangspunkt** zurück.

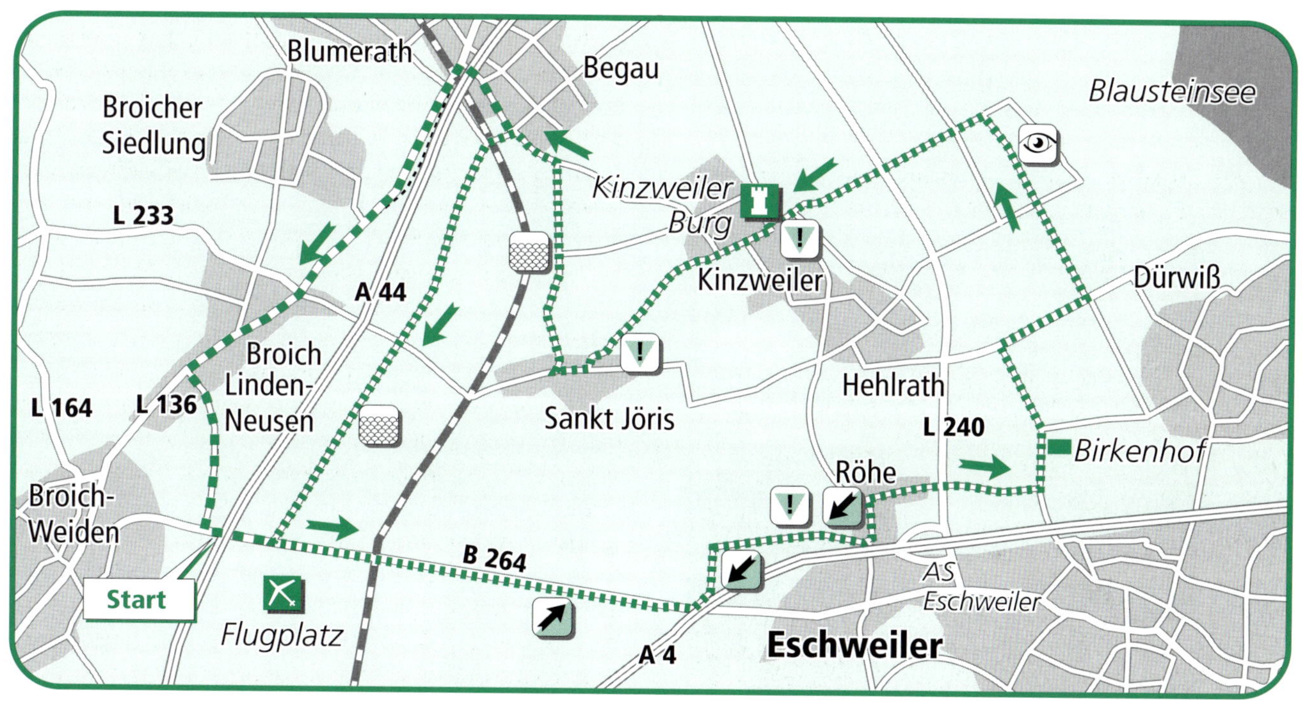

Blumerath
Begau
Blausteinsee
Broicher Siedlung
L 233
Kinzweiler Burg
Dürwiß
A 44
Kinzweiler
Broich Linden-Neusen
L 164
L 136
Sankt Jöris
Hehlrath
L 240
Birkenhof
Röhe
Broich-Weiden
Start
B 264
AS Eschweiler
Flugplatz
A 4
Eschweiler

Start: Parkplatz Naherholungsgebiet, Blausteinsee

Parkmöglichkeiten: Großer Parkplatz

Anfahrt: A 4 – Ausfahrt Eschweiler – Richtung Alsdorf/Dürwiß – rechts ab Alsdorfer Straße bis Kreisverkehr (Ausschilderung)

Ziel: Zum Ausgangspunkt zurück

Streckenlänge: 13 km; längere Tour ca. 18 km

Streckenprofil: Flach bis leicht wellig

Straßenbelag: Asphalt, durchgängig gute Qualität

Schwierigkeitsgrad: Leicht/Einfach

Fahrkönnen: Anfänger mit Bremskenntnissen

Für Familien geeignet: Ja

Sehenswürdigkeiten an der Strecke: Blausteinsee, im Hintergrund Braunkohlebagger und –tagebaue, Kraftwerke

Gaststätten: Gartencafé in Fronhoven

Karten: Freizeitkarte Nr. 22, Maßstab 1: 50.000, Aachen/Jülicher Börde, Landesvermessungsamt NRW

Sonstiges/Besonderheiten: Sehr schöne Strecke zum „Gas geben" für Speed-Skater; an schönen Tagen Ausflugsziel für Wassersportler, Motorradfahrer, Radfahrer und Spaziergänger. Die Strecke, die von einem Verein als Rad-Trainings- und Wettkampfstrecke gebaut und genutzt wird, ist durch Richtungspfeile gekennzeichnet.

➡ Eschweiler

Die Runde um den Blausteinsee kann in beide Richtungen geskatet werden (links herum: leichter und mit Pfeilen gekennzeichnet; rechts herum wie beschrieben: etwas schwerer).

Vom **Parkplatz** aus halten wir uns zunächst nach rechts, um die nächste Möglichkeit links einzubiegen. Hier geht es erst einmal auf sehr breitem, gut asphaltiertem Weg durch ein kleines **Wäldchen**. Kurz dahinter skaten wir durch eine Senke – für ein Stück von 30 m bergab können wir die Füße gerade haltend „rollen lassen" und auf der anderen Seite wieder bergan skaten. Es geht geradeaus, bis der Weg eine **kurze Links-rechts-Kurvenkombination** macht, wir halten uns nachfolgend links (nicht in den großen Graben Richtung Hauptstraße skaten) und skaten leicht ansteigend auf dem Radweg, der bald wieder links abbiegt. Nun geht es auf einer **langen Geraden**, stetig leicht abfallend, **parallel zur Aldenhovener Straße**. Von hier aus gibt es einen schönen Blick bis zur Abraumhalde der Sophienhöhe über die Braunkohlenabbaugebiete des rheinischen Braunkohlereviers.

Eschweiler gehört zum Kreis Aachen und hat etwa 55.500 Einwohner. Es liegt beiderseits der Inde und hat etliche eingegliederte Gemeinden:

Der Blausteinsee

Bergrath, Dürwiß, Hastenrath, Hehlrath, Kinzweiler, Neu-Lohn, Nothberg, Pumpe-Stich, Scherpenseel, St. Jöris, Weisweiler.
Eschweiler wird erstmals 828 n. Chr. erwähnt, obwohl einzelne Siedlungen in diesem Raum bis 4500 v. Chr. zurückgehen. Es gehörte lange zum Besitz der Kölner Dompropstei, vom 14.–18. Jahrhundert zum Herzogtum Jülich und erlitt in den Kriegen eine wechsel- und leidvolle Geschichte. 1642 besetzten schwedische Truppen den Ort, 1678 brandschatzten französische Truppen. Mit dem Wiederaufbau begann der Steinkohlenabbau auf dem Eschweiler Kohlberg (heute Stadtwald). Zwanzig Jahre dauerte die französische Herrschaft, dann fiel die Region an das Königreich Preußen (1841).

1794 gab es die erste Dampfmaschine zum Betrieb von Entwässerungspumpen im Bergbau, der nachfolgend rasant ausgebaut wurde (Familie Wültgens/Englerth). 1838 gründete sich der **Eschweiler Bergwerksverein** als größte Montangesellschaft im Westen Preußens. Im Indetal entwickelte sich im 19. Jahrhundert ein Zentrum rheinischer **Eisen- und Stahlindustrie** und 1841 erfolgte der Anschluss an die rheinische Eisenbahn von Aachen nach Köln. Das Ende des Steinkohlenbergbaus wurde 1944 besiegelt und seit 1910 wuchs der Braunkohlenbergbau. Mit der

Schließung des Tagebaus im Jahr 1985 endete die Bergbauaktivität im Bereich Eschweilers.

Der Weg endet mit einer **kleinen Linkskurve**, hinter der wir auf einen **Parkplatz** gelangen (Vorsicht, Verkehr und Schotter!) und gegenüber die **Straßeneinmündung nach Fronhoven** sehen, in die wir skaten müssten, wollten wir in dem **gemütlichen Gartencafé (Café Rinkens)** einkehren.

Ansonsten skaten wir auf dem Radweg, der noch einige Meter **parallel zur Straße** weiterführt, um die zweite **Möglichkeit links** abzubiegen. Der Weg führt durch die Felder, macht einen fast **rechtwinkligen Rechtsknick**, es geht flach geradeaus bis zu einem kleinen Anstieg, hinter dem wir mit einem leichten Linksbogen auf die **Neubausiedlung von Weiler-Hausen** zuskaten. Von hier geht es 1 km nach Niedermerz, um eine Streckenerweiterung anzuhängen (Tourvariante – siehe S.84).

In Weiler biegen wir links ab. Hier ist mit Verschmutzungen, mit Steinchen, Sand und Löchern aufgrund der Bauaktivitäten zu rechnen. An der folgenden Kreuzung halten wir uns links und skaten direkt wieder aus dem Ort heraus. Geradeaus kommen wir zum **Graben**, den wir leider nicht „umskaten" können, sondern durch den wir hindurchmüssen. Auf superglattem Asphalt, der das Bremsen leicht macht, geht es mit

Freie Bahn zum „Gas geben"

Wo geht's hin?

Schwung für gut 500 m bergab und auf der anderen Seite wieder hoch. Weiter geradeaus kommen wir schließlich an eine **Kreuzung**, biegen links ab, skaten ein geraumes Stück geradeaus, halten uns an der nächsten Abzweigung rechts und der folgenden wieder links. Nun macht unser Weg nach einem Geradeaus-Stück einen kleinen Links-rechts-Schlenker, bevor es, an einem Wäldchen zur Linken vorbei, nach einem Rechtsbogen über ein Stück von 800 m schlechterem Asphalt geht.

Der **Blausteinsee** wurde im August 2000 offiziell in Betrieb genommen. Auf einem Gelände von etwa 180 ha erfolgt die Rekultivierung des ehemaligen Braunkohle-Tagebaues Zukunft-West als Freizeitzentrum und Naherholungsgebiet. Der See liegt am südlichen Ende des ehemaligen Braunkohlenabbaugebietes und bildet den Kern der 20 qkm großen Rekultivierungszone. Um den See liegt ein weitläufiger Gürtel aus Laubbäumen, Sträuchern und Wiesen sowie Brachflächen. Im Norden verläuft das Schlangengrabental, eine ca. 3,5 km lange Mulde, an deren Böschungen Wald heranwachsen soll und in deren Talsohle Freiflächen mit Feuchtbiotopen wechseln. Hier soll eine natürliche und weitgehend ungestörte Faunen- und Florenentwicklung gewährleistet werden, so dass nur an wenigen Stellen Wanderwege kreuzen.

Der **See** wird erst im Jahr 2004/2005 endgültig hergestellt sein – er ist also noch biologisch jung und instabil. Die Wasserfläche ist etwa 80 ha groß, die Tiefe misst knapp 40 m. Erste kleine Fischschwärme haben sich angesiedelt und im Uferbereich verbreiten sich die ersten Wasserpflanzen. Die Uferbefestigung unterhalb des Wasserspiegels ist unsicher, so dass das Baden verboten ist. Da die Faszination des Sees auch darin besteht, die Entwicklung eines Biotops zu beobachten, wird von allen Interessengruppen die Schonung der Natur an und im See, insbesondere bei den Wassersportarten Segeln, Kajakfahren und Tauchen, groß geschrieben.

Wir treffen auf die **Alsdorfer Straße**, biegen links ab auf den breiten und hier superglatten **Radweg** und können noch einmal richtig Gas geben, um direkt an der **Zubringerstraße zum Blausteinsee** auszukommen. Vorsicht, wenn hier die Straße gekreuzt wird – an schönen Tagen herrscht doch ziemlicher Betrieb. Und schon sind wir wieder zurück an unserem **Ausgangspunkt**.

Informationen: Freizeitzentrum Blausteinsee GmbH, Rathausplatz 1, 52249 Eschweiler, Tel. 02403-71491, Fax 02403-71619 oder www.vsvblausteinsee.de.

Nahe Fronhoven ...

Von **Weiler-Hausen** skaten wir auf guter Straße nach **Niedermerz**, skaten im Ort durch die Bebauung, halten uns stets geradeaus und müssen auf der Straße skaten (Vorsicht, Verkehr!). Es geht zunächst leicht bergab, bis wir an einer T-Kreuzung links abbiegen, aus der Bebauung hinaus-

Braunkohle prägt die Landschaft

kommen, in ein kleines Bachtal hinunterskaten (Vorsicht wegen entgegenkommender Radfahrer – etwas bremsen), wieder hinauf und auf der **Verbindungsstraße zwischen Niedermerz und Weiler-Langweiler** auskommen. Hier biegen wir wieder links ab – halten uns auf dem gut asphaltierten Radweg längs der Straße bis zum nächsten weiten Rechtsbogen, vor dem wir wieder links abbiegen, um nach 20 m sofort rechts den Feldweg entlangzuskaten. Von hier bietet sich wieder ein schöner Blick auf den See und die Landschaft. Es geht für ein sehr langes Stück stets geradeaus, bis wir an einem Stein und der Möglichkeit, auf einer Bank auszuruhen links skaten, den nächsten Abzweig wieder rechts skaten und in Richtung L 240 auskommen. Wir müssen nun – die nächste Einmündung links einbiegend – mit schlechterem, verschmutzten Untergrund rechnen. Wir skaten weiter geradeaus, an der nächsten Möglichkeit mit kleinem Links-rechts-Abbiegemanöver ebenfalls weiter geradeaus, kommen an einer größeren, breiten Straße aus (Verbindung nach Kinzweiler), halten uns nun links, um den nächsten Feldweg wieder rechts einzubiegen. Über ein langes Stück geht es nun, auf etwas rauem Asphalt geradeaus. Schließlich gelangen wir zur Hauptstraße Kinzweiler-Dürwiß, halten uns links, auf deren gut geteertem Radweg wir leicht ansteigend wieder zum Ausgangspunkt zurückgelangen.

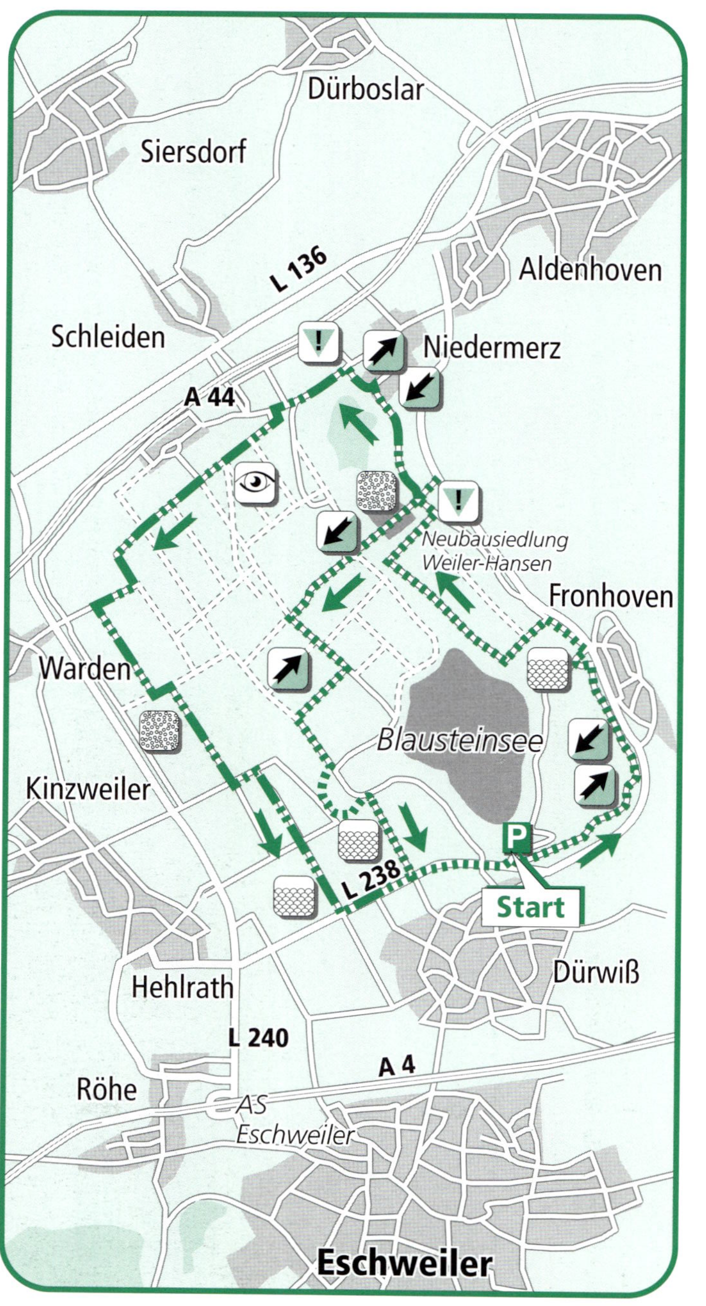
Dürboslar
Siersdorf
L 136
Schleiden
Aldenhoven
A 44
Niedermerz
Neubausiedlung Weiler-Hansen
Fronhoven
Warden
Blausteinsee
Kinzweiler
L 238
P
Start
Hehlrath
Dürwiß
L 240
A 4
Röhe
AS Eschweiler
Eschweiler

Start: Kirche von Rimburg (NL)

Parkmöglichkeiten: Parkplatz an der Kirche

Anfahrt: Von Übach-Palenberg über die Wurmtalbrücke

Ziel: Zum Ausgangspunkt zurück.

Streckenverlauf: Rimburg – Hofstadt – Wildnis – Merkstein – Übach-Palenberg – Palenberg – Rimburg

Streckenlänge: 12 km

Streckenprofil: Wellig bis bergig

Straßenbelag: Asphalt

Schwierigkeitsgrad: Mittel bis schwer

Fahrkönnen: Fortgeschrittene, sicheres Bremsen

Für Familien geeignet: Nein

Sehenswürdigkeiten an der Strecke: Schloss Rimburg und Rimburger Mühle, Steinkohlenhalde Merkstein, Gut Ophoven

Gaststätten: In Rimburg, Merkstein und Übach

Karten: Freizeitkarte Nr. 22, Maßstab 1: 50.000, Landesvermessungsamt NRW

Sonstiges/Besonderheiten: Straßenschuhe mitnehmen, um die Kohlenhalde zu begehen (Besichtigung)

Anschlusstouren: Tour 12 Geilenkirchen

➡ Merkstein

Vom Parkplatz aus überqueren wir die Wurm und biegen rechts ab (folgen der Radwanderroute 9). Links liegt das **Schloss Rimburg** und lange **Pappelreihen** begleiten die Wurm.

Rimburg wird 1253 erstmals erwähnt. Noch im 13. Jahrhundert – der Ort war bedeutsam wegen seiner Furt über die Wurm – trieben die Raubritter ihr Unwesen. Wilhelm von Mülrepas, der einige Teile seiner Dreiecksburg in den Kämpfen mit den Brabantern verlor, gewann später die Auseinandersetzungen mit den Rittern von Scavedrisch. So bauten sie eine Wasserburg mit schlossartigem Hauptgebäude und vier Flügeltürmen. Kasematten, Schießkammern und Laufgänge verstärkten einen dreifachen Wasserring, der einen Nebenarm der Wurm einschloss. Um 1678 hausten und vandalierten die Spanier in und an der Burg. Aufgrund von Finanzmängeln wurde in den nachfolgenden Erbengenerationen stets Teile erneuert. Die Folge ist ein Sammelsurium von Stilen – u.a. die heutige Barockfassade oder die Haubenkrönung.

Die **Wurm** bildete bis Anfang des 19. Jahrhunderts die östliche Grenze des Bistums Lüttich. So lange, bis der ansonsten kirchenfeindliche

Ruhe am Wegesrand

Napoleon der Stadt Aachen einen eigenen Bischofssitz zugestand. Alle Bäche des Aachener Talkessels münden in die Wurm. Ihr Wasserlauf trug entscheidend zur Entwicklung des Steinkohlenbergbaues bei, denn die Wurm schnitt an den Talhängen Kohle führende Flözeschichten an, die seit dem Mittelalter ausgebeutet wurden. Das Wurmrevier ist eines der ältesten Bergbaugebiete Europas.

Der Weg schlängelt sich durch die Wiesen mit wunderschönem Blick auf das Schloss und die Wurmaue. Gelegentlich drücken Wurzeln die Straße hoch oder es liegen Äste auf dem Weg. Nach einer Linkskurve steigt der Weg an und führt steil den Berg hoch aus dem Wurmtal hinaus. Bevor wir die Bahn (Verbindung nach Aachen) queren, müssen wir uns die **Schranke** auf Zuruf vom Bahnwächter öffnen lassen. Dahinter ist ein kleines Stück gepflastert, doch mit Verlassen des Waldes beginnt ein gut asphaltierter Radweg, denn ab hier ist mit LKW-Fahrzeugen der Firma Fertigbeton Rheinland zu rechnen. Wir kommen zur Kreuzung in **Hofstadt** und biegen rechts ab, der **Wurmtalroute** folgend, und skaten hier auf der wenig befahrenen **Übacher Straße** vorbei an der Kirche in die **Finkenrather Straße** auf zum Teil geflicktem Asphalt geradeaus. Kurz bevor es wieder zur Wurm hinab geht, biegen wir links in einen Feldweg ein

(Vorsicht, Verschmutzungen!) und vor uns liegt nun ein hübscher Blick auf die Kohlenhalden und die Hochhäuser von Heerlen.

Der Weg ist rissig und es geht weiter auf der Höhe entlang. Links liegt ein Obstbaum-Baumschulbetrieb und wir kommen durch Baumanpflanzungen mit leichtem Gefälle zu den ersten Häusern von **Wildnis**. Hier steht ein hübsches **Wegkreuz**. Hier sollten wir wegen möglicher querender PKW gut abbremsen und in der Tempo-30-Zone geradeaus den Feldweg weiterskaten. Dieser steigt jetzt an und auf der Höhe taucht vor Kopf die Kirche von Merkstein auf. Wir keuzen die nächste Weggabelung und kommen, über den jahreszeitlich unterschiedlich verschmutzten Feldweg etwas abschüssig zum Kinderheim in den **Mühlenweg**. Wir biegen links ab und kommen zu einer T-Kreuzung mit der **Scherbstraße**. Vorsicht wegen des PKW-Verkehrs – wir biegen rechts ab und skaten auf der Straße zwischen den Höfen hindurch (**Sebastianusstraße**). Hier auf der **K1**1 könnten wir auf dem Radweg direkt bis nach Übach-Palenberg weiter- und zurückskaten.

Allerdings geht es jetzt rechts ab in die **Martinusstraße** und wir bleiben auf dem rechtsseitigen Bürgersteig. Nach einem ca. 100 m abfallenden Stück biegen wir kurz vor der Bahnlinie links in die **Kant- und Marx-Straße** ein und skaten leicht ansteigend auf rauem Asphalt längs der **An**

Moderne Kunst am Schloss

der Waidmühl vorbei an **Sportstadion** und **Sportanlagen**. Der Asphalt wird besser und links liegt nun nahe bei die **Kohlenhalde der Grube Adolf**.

Wir halten uns links auf breitem asphaltiertem Bürgersteig, links folgt ein Abenteuerspielplatz, die Straße heißt jetzt **Flößer Straße**, der Asphalt wird schlechter und links liegt eine **Skateanlage** mit Grindrails, Halfpipe und Funramps. Dahinter müssen wir wegen des Gefälles stärker aufpassen. Linker Hand liegt der Eingangsbereich zum Park für Besichtigungen.

Der Bergbau in Merkstein – Mit der Kolonie 1910/1911 begann der Eschweiler Bergwerksverein in Streif mit dem Bau einer Werkssiedlung für die Beschäftigten der Grube Adolf. Der Plan einer Gartenstadt nach dem Vorbild der Krupp'schen Werkssiedlungen in Essen und unter den Einflüssen des Baurates Schmohl vom Krupp'schen Baubüro wurde sie auf der Stufe der alten Kolonie realisiert. Es wurden insgesamt elf Haustypen gebaut, bei denen charakteristische Stilelemente wie hoher Ziegelsockel, auffällige Putz- und Ziegelsteinornamentik, Fensterwölbung, Fachwerkansatz und betont große Ziegeldächer in großer Formenvielfalt wechseln. In den Bauabschnitten von 1920–1926 weichen die Regierungsbaumeister Erberich und Scheben vom ursprünglichen Plan ab. Jetzt dominiert ein traditionalistischer Backsteinexpressionismus. Mit dem Siedlungsbau der 50er Jahre wurde die Kolonie Streifeld vollendet. In diesem Bauabschnitt entstanden in der heutigen Fröbelstraße auch eine Reihe von Pestalozzihäusern, in denen ortsfremde Berglehrlinge von Pflegeeltern nach dem Pestalozziprinzip betreut worden sind. Weitere Informationen und Führungen: Bergbaudenkmal Adolf e.V., Hauptstr. 231, 52134 Herzogenrath, Tel. 02406-63829.

Die Grube Adolf

Nachdem es beim Eschweiler Bergwerksverein EBV bei den Anthrazitgruben zu einer Konzentration auf einige wenige Anlagen gekommen war, gingen die Bestrebungen der Gesellschaft dahin, ihre Fettkohlenförderung weiter auszubauen. Aus diesem Grund erfolgte am 12. Juni 1899 auf dem Gelände zweier großer Güter in Streifeld, dem Abteihof und dem Streifelder Hof, der erste Spatenstich für die Doppelschachtanlage des Adolf. Am 1.7.1899 wurde der Adolfschacht angehauen. 152 m Wasser und Fließsand führende Deckschichten wurden nach dem Senkverfahren unter Anwendung des Sassenberg-Clermont'schen Sackbohrers in nahezu 10-jähriger mühevoller Arbeit durchstoßen. Am 8.4.1909 stellt man mit einer

lichten Weite von 5,15 m und in einer Tiefe von 156 m den sicheren Anschluss an das Steinkohlengebirge her. Die erste Abbausohle wurde bei
233 m erfasst. Zur Wetterlösung wurde im gleichen Jahr von Anna II
Eduardschacht ein Querschlag geöffnet. Nachdem bereits 1910 eine För-
dermaschine aufgestellt worden war, kam im Juni 1913 die erste Kohle
über den Adolf-Hauptschacht nach oben. Für den Wetterschacht wurden
von Mai 1921 bis Ende 1923 151 m Decksande durchstoßen. 1926 wurde
im Karbongebirge eine Teufe von 474 m erreicht, die 1950/51 auf 552 m
ausgebaut wurde. Am Hauptschacht wurden weitere Abbausohlen in den
Teufen 300 (1919), 450 (1926), 600 (1943) und zuletzt 860m (1964) ein-
gerichtet. Bereits 1929 wurde der Untertagebetrieb elektrifiziert. In den
30er Jahren erhielt Adolf eine moderne Flotationswäsche. Bis zum
1.6.1972 wurden etwa 37,5 Mio. t Kohle, in der Hauptsache beste Fettkoh-
le, gefördert. Die stärkste Belegschaft hatte Adolf im Jahre 1960 mit 2.704
Beschäftigten. Das Bergematerial wurde mit Hilfe einer Lorenbahn zur
Bergehalte Adolf aufgeschüttet. Der Streifelder Spitzberg wurde zum weithin sichtbaren Erkennungszeichen der Gemeinde Merkstein.

Es geht weiter auf der **Flößer Straße** auf dem linksseitigen Bürgersteig.
Hier ist es abschüssig (Vorsicht, bremsen!) und wir halten uns immer ge-

Dächer von Schloss Rimburg

An der Wurm

radeaus bis ins **Bachtälchen**. Hier folgen wir dem verkehrsfreien Weg **Am Heidberg** ein Stück auf gutem Aphalt geradeaus und biegen links in **Im Stütz** ab, gelangen, uns rechts haltend, auf die **Plitscharder Straße** (Vorsicht, schmaler Bürgersteig!), vorbei am **Friedhof** bis zur K 11 (**Sebastianusstraße**).

Hier biegen wir rechts ab und skaten auf dem rechtsseitigen Radweg, den Übach rechts begleitend, bis nach Übach (hier **Dammstraße**). Wir passieren das **Sportzentrum** zur Rechten und biegen die erste Möglichkeit links ab in die **Otto-von-Hubach-Straße**. Als Anliegerstraße ist hier kaum mit Verkehr zu rechnen. Geradeaus geht es am Schulzzentrum vorbei bis zur **Pestalozzistraße**, die wir rechts bis zur Kreuzung mit der **L 225** (**Maastrichter Straße**) skaten. Hier biegen wir links ab, bleiben auf dem diesseitigen Rad-/Fußweg, weil wir nach der Kreuzung mit der **Merksteiner Straße** links in die **Bruchhausener Straße** abbiegen. Wir folgen der **Radwegeausschilderung**, passieren die Bahn und kommen direkt am **Rimburger Schloss** wieder aus – queren die Wurm und finden unseren Ausgangspunkt an der **Kirche von Rimburg** wieder.

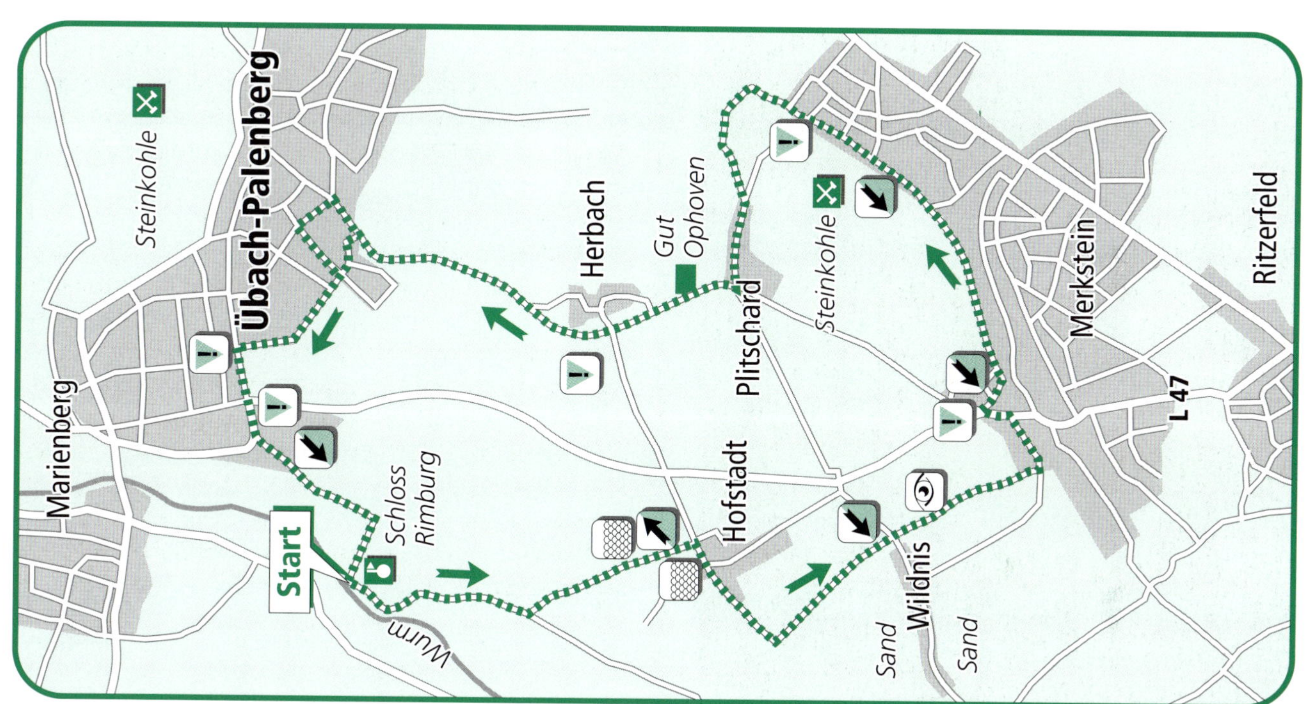
Steinkohle
Übach-Palenberg
Steinfeld
Marienberg
Herbach
Gut Ophoven
Plitschard
Steinkohle
Merkstein
Ritzerfeld
L 47
Hofstadt
Schloss Rimburg
Start
Wurm
Sand
Wildnis
Sand

Start: Kirche von Rimburg (NL)

Parkmöglichkeiten: Parkplatz an der Kirche

Anfahrt: Von Übach-Palenberg über die Wurmtalbrücke

Ziel: Zum Ausgangspunkt zurück

Streckenlänge: 12 km

Streckenprofil: Flach

Straßenbelag: Asphalt

Schwierigkeitsgrad: Sehr leicht

Fahrkönnen: Anfänger

Für Familien geeignet: Ja (Spielmöglichkeiten)

Sehenswürdigkeiten an der Strecke: Schloss Rimburg, Naherholungsgebiet Wurmtal, Schloss Zweibrüggen, Gut Hommerschen, Skaterplatz in Geilenkirchen

Gaststätten: In Rimburg, Übach-Palenberg, Frelenberg, Geilenkirchen

Karten: Freizeitkarte Nr. 22, Maßstab 1 : 50.000, Landesvermessungsamt NRW

Sonstiges/Besonderheiten: Landschaftlich sehr reizvoll und vor allem mit Kindern geeignet (Spielmöglichkeiten im Naherholungsgebiet, viele Einkehrmöglichkeiten); für Stadtbummel in Geilenkirchen Schuhe in den Rucksack stecken

Anschlusstouren: Tour 12 Tripsrath

➡ Rimburg

Wir starten vom Parkplatz der **Rimburger Kirche** und queren die Wurm über die kleine Brücke, lassen das Schloss rechter Hand liegen und skaten auf dem ausgeschilderten Radweg geradeaus in **Richtung Bahnlinie**. Kurz davor biegen wir links ab und skaten nun auf sehr gut asphaltiertem, fast verkehrsfreiem Weg immer längs der Bahnlinie (der direkt an der Wurm entlang führende Räumweg ist zum Skaten nicht geeignet!). Kurz hinter dem Bahnhof skaten wir die kurze Rampe bergan bis auf den unteren Ausläufer der **Wurmtalbrücke**, kreuzen die **Marienstraße** (Vorsicht wegen des Verkehrs) und skaten direkt kurz bergab (bremsen!), hinab zum Naherholungsgebiet Wurmtal. Hier ist ein Parkplatz und ein Einstieg in die Tour auch von hier aus möglich.

Das **Naherholungsgebiet Wurmtal** wurde im Juni 1989 eröffnet und erstreckt sich auf einer Fläche von knapp 250.000 qm, auf der Wildkräuterwiesen, Feuchtbiotope, Seenplatten und Spazierwege angelegt wurden.

Die **Stadt Übach-Palenberg** findet 867 erstmalig Erwähnung, wird 1172 urkundlich festgehalten und wird 1794 Bürgermeisterei. 1852 erfolgt der Anschluss an die Eisenbahnlinie Aachen-Mönchengladbach. Der Bergbau beginnt 1911 mit der Gründung der Zeche Carolus Magnus, die 1917 erstmalig Kohle fördert. 1962 schließt der Bergbau und die Zeche wird 1993 im Zuge der Modernisierung des Wirtschaftslebens zum Carolus-Magnus-Centrum für Umwelttechnologie, einem Gründungszentrum für moderne Technologien, umgebaut.

Schloss Tripsrath

Wir halten uns auf dem Rad-/Fußweg links an der Wurm und skaten in **Richtung Geilenkirchen**, vorbei an der **Zweibrüggener Mühle** zunächst auf glatt gepflastertem Weg. Hinter der Überquerung der Straße Zweibrüggen ist der Weg asphaltiert. Hier liegt unmittelbar an der Wurm das **Schloss Zweibrüggen**.

Schloss Zweibrüggen, dessen Herkunft in dem 1460 erwähnten Zwenbrughen und 1508 erwähnten Zwennbrögge als Siedlung bei den Brücken über die Wurm zu finden ist, entstand als Adelssitz und war bis 1993 Eigentum zahlreicher Familien. Das heutige Gebäude wird 1397 erstmalig urkundlich erwähnt und gerät 1457 in die Hand Heinrichs von Zweibrüggen. Durch Heirat der Töchter folgen die Familien Hagen, Mirbach, Voß und Eys. Die letzten Eigentümer waren bis 1993 die Freiherren von Negri. Heute gehört das Haus im klassizistischen Baustil mit zwei vorspringenden Flügelbauten der Stadt Übach-Palenberg

Ab hier kann jetzt richtig „gedüst" werden. Idyllisch an der Wurm entlang kommen wir zur **Teverenstraße**, die wir queren, um gegenüberliegend weiterhin auf Asphalt an der modernen **Kläranlage** vorbei und in weitem Rechtsbogen auf die mächtige **Brücke der B 56** zuzuskaten.

Das Wald- und Heidegebiet der **Teverner Heide** unmittelbar an der Grenze zu den Niederlanden ist durch Funde aus der mittleren Steinzeit bekannt. Seit 1995 umfasst es eine Fläche von 450 Hektar über die Stadtgebiete von Geilenkirchen, Übach-Palenberg und Gangelt. Bemerkenswert sind die Offenlandbiotope: Heideflächen, Moorkomplexe, Sandtrockenrasen und Feuchtwiesen. Stark gefährdete Tiere wie Moorfrosch, Heidelerche, seltene Insekten oder schützenswerte Pflanzen finden hier Schutz und Pflege. Im Naturschutzgebiet finden sich 7 markierte Wanderwege. Auskünfte: Heinsberger Tourist-Service, Tel. 02432-96060, oder Untere Landschaftsbehörde des Kreises Heinsberg, Tel. 02452-130.

Direkt hinter der Taverner Heide liegt links das **Gut Hommerschen**, das in Privatbesitz ist. Wir queren die **Auffahrt zur B 56** und gelangen mit Annäherung an Geilenkirchen nach einem Linksbogen zum **Theodor-Heuss-Ring**. Nach der Überquerung liegt linker Hand in der Grünanlage ein Skaterplatz mit Halfpipe, Spinramp, Einfachramp und der Möglichkeit, Basketball zu spielen.

Die **Stadt Geilenkirchen** liegt im Süden des Kreises Heinsberg inmitten landwirtschaftlicher Flächen. Urkundlich nachgewiesen ist Geilen-

Schloss Trips

Skaten längs der Wurm

kirchen seit 1170, gegründet auf dem Gebiet einer fränkischen Siedlung aus dem 7. Jahrhundert. Um die Wende vom 12. zum 13. Jahrhundert liegt hier der Stammsitz der Herren von Geilenkirchen, die in einer Wurmschleife eine ausgedehnte Wasserburg errichteten. Die Stadtwerdung erfolgte im 14. Jahrhundert.

Die **Skate- und Streetballanlage** in Geilenkirchen an der Wurm besteht aus einem 28 x 26 m großen Skaterplatz mit 2 m hoher/3,6 m breiter Halfpipe, Funbox, Einfach- und Spinramp, 4 m Rail und einem 28 x 15 m großen Streetballfeld mit 6 Basketballkörben.

Besteht Interesse, ist es möglich, noch einige Meter längs der nun eingefassten Wurm bis zum **Beamtenweg** zu skaten und dort für den Stadtbummel in die Laufschuhe „umzusteigen".

Ab hier treten wir gemütlich wieder den Rückweg zu unserem Ausgangspunkt an.

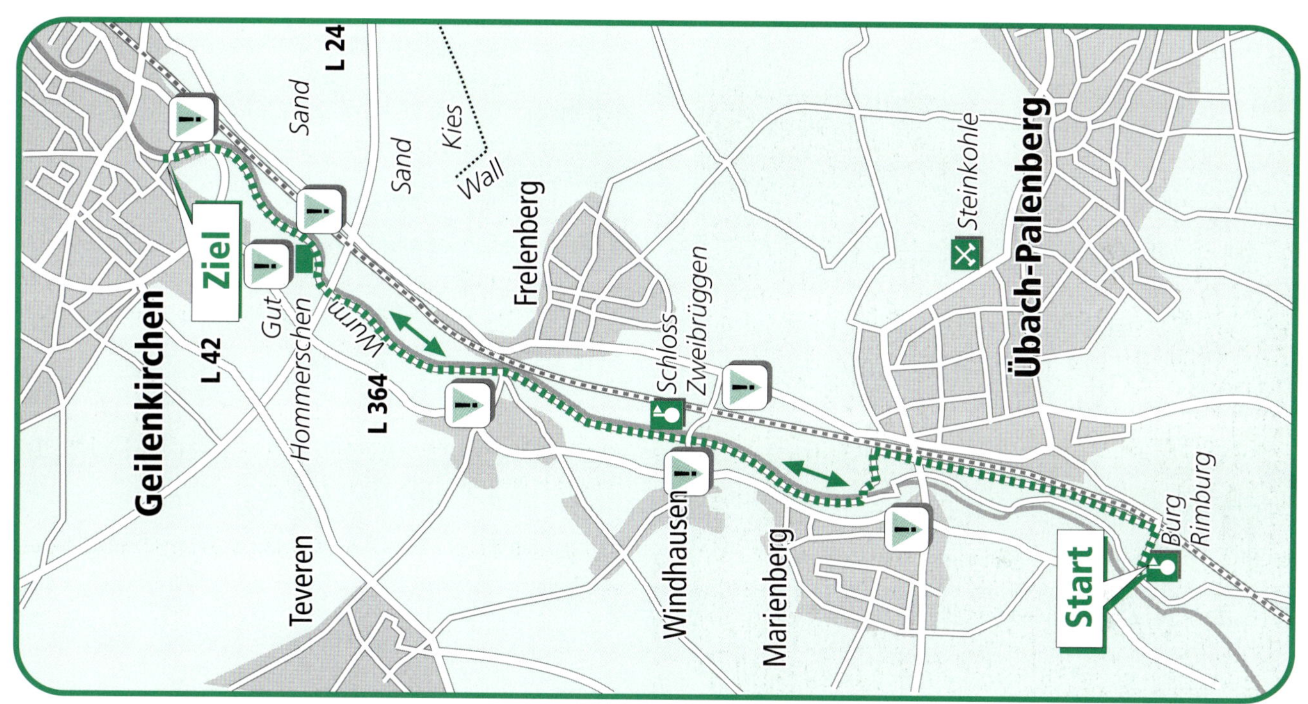
Geilenkirchen
Ziel
L 42
L 24
Sand
Sand
Kies
Wall
Frelenberg
Steinkohle
Übach-Palenberg
Gut
Hommerschen
Wurm
L 364
Schloss Zweibrüggen
Teveren
Windhausen
Marienberg
Start
Burg Rimburg

Start: In Hatterath, Professor-Mendel-Straße

Parkmöglichkeiten: Am Wegrand

Anfahrt: Über die B 221, Abfahrt Gillrath, oder die B 56, Abfahrt Hatterath

Ziel: Zum Ausgangspunkt zurück

Streckenlänge: 26 km

Streckenprofil: Flach bis wellig

Straßenbelag: Asphalt

Schwierigkeitsgrad: Leicht

Fahrkönnen: Anfänger

Für Familien geeignet: Ja

Sehenswürdigkeiten an der Strecke: Windräder, Haus Randerath, Gut Zumdahl, Gut Kleinsiersdorf, Gut Leerodt, Schloss Trips, Wurm

Gaststätten: In Randerath, an der Wurm und in Geilenkirchen

Karten: Freizeitkarte Nr. 22, Maßstab 1: 50.000, Landesvermessungsamt NRW

Sonstiges/Besonderheiten: Landschaftliche sehr schöne Strecke entlang der Wurm

Anschlusstouren: Tour 11 – Rimburg

➡ *Tripsrath*

Wir starten in **Hatterath** in der **Professor-Mendel-Straße** an der Kreuzung mit dem **Hahnhof** und biegen zwischen den Höfen links ab auf den gut asphaltierten **Feldweg**. Im folgenden Rechtsknick ist der Weg stark verschmutzt, wird danach aber breiter und besser asphaltiert. Kurz vor **Straeten** biegen wir links ab, skaten längs der Bebauung und nehmen den übernächsten Weg rechts, um die Hauptstraße (**K 4**) zu kreuzen und im gegenüberliegenden Feldweg weiterzuskaten. Am übernächsten Abzweig biegen wir rechts ab und folgen der Radwegeausschilderung. Hier ist der Weg gut asphaltiert, aber etwas rissig. Wir skaten durch die **Unterführung der B 221** und müssen, da es abschüssig ist, bremsen, können aber ruhig auslaufen lassen, da hier kein PKW-Verkehr ist. Rechts fließt der **Bach Kötteler Schar** und kurz vor den Hochspannungsleitungen wird der Untergrund schlechter – es geht leicht wellig im Tal entlang. Auf der Höhe sind Windräder zu sehen. Vor **Uetterath** halten wir uns an der Weggabelung rechts leicht ansteigend und gelangen zur **Hauptstraße**. Hier wechseln wir auf den gegenüberliegenden Bürgersteig, der allerdings keine gute Qualität hat (Pflasterung, stark wechselnde Breite, Einbuchtungen usw.), so dass gelegentliches Ausweichen auf die Straße (im Rechtsknick der Straße auf Höhe der Gaststätte „Im Treibhaus") notwendig sein kann (Vorsicht, Durchgangsverkehr!).

Wir skaten die **Uetterather Dorfstraße** lang bis zur Kirche und biegen kurz hinter der Kreuzung rechts in den **Tripsrather Weg** ein. Nach einem kurzen, etwas abschüssigen Stück fahren wir nach einer Links-rechts-Kombination (gelb gestrichenes Haus) im Ortsteil **Berg** zunächst ein bisschen bergauf, um auf der Höhe geradewegs flach, auf gelegentlich landwirtschaftlich verschmutzter Strecke, mit einem wunderschönen Rund-um-Blick in Richtung Nirm/Randerath zu skaten. Von hier sehen wir linker Hand die Halden und rechts in der Ferne die Windräder des Windparkes Gillrath. Wir treffen auf die **L 42**, die der Abbruchkante zum Wurmtal folgt, und müssen hier etwa 500 m auf die gut befahrene Straße nach links abbiegen, um die nächste Möglichkeit rechts ab zu wählen. Es geht zunächst auf glattem Untergrund bergab **ins Wurmtal hinunter** (Vorsicht, bremsen!). Hier ist der Gasthof „Neunfänger", der zu einer Einkehr im Sommer einlädt. Von hier aus können wir den gut geteerten Radweg nach **Randerath** nehmen, um einen Abstecher zur **Burg Randerath** zu machen.

Burg Randerath wird um das Jahr 900 erstmals erwähnt. Sie steht auf einem aufgeschütteten Hügel, einer Motte, um das Gebäude vor Hoch-

wasser zu schützen, und hatte ursprünglich fünf flankierende Türme. Die Burg war Stammsitz der Edelherren von Randerath und wurde nach mehrmaligen Beschädigungen durch Kriege und Stadtbrände immer wieder aufgebaut. Das heutige Gebäude stammt aus dem Jahr 1752.

Unsere Tour führt von hier nach rechts – wir queren die kleine Brücke über die Wurm und skaten einige Meter dahinter rechts parallel zur Wurm auf sehr schön asphaltiertem Weg weiter. Vorbei an **Gut Kleinsiersdorf**, mit einem erneuten Wechsel über die Wurm (wir skaten jetzt rechts der Wurm), linker Hand den **Ponyhof Birsgens** passierend, in dessen Gartenlokal im Sommer eine Einkehr möglich ist, weiter längs der Wurm in Richtung Geilenkirchen/Schloss Trips.

Gut Zumdahl ist eine rechteckige Wasseranlage mit einem quadratischen, im Untergeschoss geböschten Turm aus der Spätgotik. Der Turm wurde später verändert und erhielt eine geschweifte Haube. Das zweigeschossige Wohnhaus ist aus dem 18. Jahrhundert und geht, wie auch die heute erneuerten Wirtschaftsgebäude, auf ältere Bauten zurück.

Gut Leerodt, ebenfalls eine Wasseranlage, ist nur noch teilweise erhalten. Von dem vierflügeligen, 1647 erbauten Herrenhaus ist nur der zweigeschossige Nordflügel mit einem wenig höheren Eckturm und der niedrigere, zweigeschossige Westflügel mit übergiebeltem Eingangstor und Dachreiter erhalten. Das Walmdach des Wohnflügels und die geschweifte Haube des Turms stechen markant hervor. Aus dem 17. Jahrhundert stammt die unregelmäßig gebaute Vorburg mit geschweiften Giebeln und 1658 wurde der zweigeschossige Torbau an der NW-Ecke erbaut.

Auf Höhe von **Süggerath** wechseln wir erneut die Flussseite (es geht in Fahrtrichtung links der Wurm weiter) und treffen schließlich auf den Parkplatz von **Schloss Trips**.

Schloss Trips ist eine der bedeutendsten Wasseranlagen entlang der Wurm und liegt idyllisch hinter prächtigen alten Bäumen. Das Geschlecht der Trips wird 1172 erwähnt und ihre Burg mag an derselben Stelle gelegen haben wie die heutige. Diese wurde im 14. Jahrhundert errichtet und im 18 Jahrhundert zum Wasserschloss vergrößert. Das annähernd quadratische, zweigeschossige Herrenhaus hat einen Innenhof, ist aus Backstein errichtet und hat einen mächtigen, haubengekrönten siebengeschossigen Turm auf der Westseite, z.T. mit erhaltenen, vorgekragten

Ecktürmchen. Die innere Vorburg ist dreiflügelig, zweigeschossig und mit übergiebeltem Haupttor im Nordflügel. An der Südseite des Herrenhauses findet sich ein großer Park mit zwei Gartenhäuschen aus dem 18. Jahrhundert. Abseits, im Norden gelegen, liegt die Mühle mit Nebengebäuden.

Dem kleinen Rundweg um das Schloss Trips folgend halten wir uns zunächst links, biegen parallel zum Burggraben in einen kleinen, recht schlechten Weg rechts ab, folgen den Grünanlagen, bis in der Nähe der Bebauung der Untergrund besser wird. Hier geht es rechts ab in die **Schümmerstraße** (Anlieger, wenig Verkehr), nochmals rechts in den **Camphausenweg** und schließlich über die Wurm, hinter der sofort rechts vorbei an der Schule ein gut asphaltierter Radweg führt. Von hier aus kann man gut die Gräben der Panzerfalle aus dem Zweiten Weltkrieg sehen. **Relikte aus dem Zweiten Weltkrieg** finden sich überall in der Region. Unmittelbar am Schloss Trips gelegen, fällt ein länglicher, schmaler Wassergraben auf, der als Panzerfalle im Zweiten Weltkrieg diente. Der Weg führt zurück zum Schloss und von hier aus geht es noch bis zum nächsten Abzweig links ab, einen kurzen Anstieg, vorbei an einem wunderschön mit Efeu bewachsenen Haus (**Gut Horrig**) zur L 42. Wir kreuzen und skaten gegenüberliegend den glatten Feldweg (**Horriger Acker**) den Berg hinauf. Von hier gibt es in weitem Rechtsbogen einen wunderschönen Blick hinunter in das Wurmtal. Wir gelangen nach **Hochheid**, passieren die kleine Ansiedlung und halten uns auf der Straße (Tempo-30-

Ab in die Halfpipe

Zone, Anliegerverkehr) bis zur T-Kreuzung, an der es für einen Kilometer links ab auf der Landstraße nach Tripsrath geht (Straße **Am Elsenbusch**).

Im Ort skaten wir an der Kreuzung mit der Kirche St. Anna rechts ab, folgen der Radwegeausschilderung in die **Annastraße** und müssen nun, verkehrsbedingt, auf den schmalen, zum Teil gepflasterten Bürgersteig ausweichen. Dieser wird allerdings so schmal, dass wir im Rechtsbogen leicht bergab 100 m auf die Straße ausweichen müssen (Vorsicht, bremsen und auf den Verkehr achten!). Links geht es nun in den **Straetener Weg**, bergauf in die Straße **Tripsrather Feld** (Richtung Gillrath 5 km), auf den gepflasterten Bürgersteig und ab der Verkehrsberuhigung in der Rechtskurve auf die Straße. In der nächsten Rechtskurve biegen wir in den **linksseitigen Feldweg** ein, der mit einer kleinen Abfahrt (auf der anderen Seite können wir ausrollen lassen) unter der **B 221** durchführt (Vorsicht, leichte Verschmutzungen!) bis zum Wald, dort links abbiegt und mit einigen stärker durch Äste und Laub verschmutzten Bereich längs des Waldes führt. Nach wenigen 100 m gelangen wir auf die **Professor-Mendel-Straße** und zum Ortseingang Hatterath. Nach weiteren 500 m kommen wir zum **Ausgangspunkt** zurück.

Herb
Horst
A46
L 228
Straeten
Utterath
Randerath
Haus Randerath
B 221
L 42
Gut Klein-sierdorf
Gut Zumdahl
Grabenanlage
Leiffart
Würm
Hatterath
Modellflug-gelände
Beeck
Start
Gut Leerodt
Wurm
L 364
Niederheid
Süggerath
B 221
Bauchem
B 56
Schloss Trips
Geilenkirchen
Hünshoven
Prümmern
L 42
Immendorf
Wurm
B 56
Frelenberg B 221
Wind-hausen
L 364
L 240
Beggendorf
Übach-Palenberg
L 47
L 225

Start: Tülmerstraße in Kirchhoven; nahe der Kirche
Parkmöglichkeiten: Am Ende der Tülmerstraße
Anfahrt: Über die Waldfeuchter Straße von Heinsberg
Ziel: Zum Ausgangspunkt zurück
Streckenlänge: 18 km
Streckenprofil: Wellig
Straßenbelag: Asphalt, zum Teil beschädigt und verschmutzt (Landwirtschaft)
Schwierigkeitsgrad: Leicht
Fahrkönnen: Anfänger
Für Familien geeignet: Ja
Sehenswürdigkeiten an der Strecke: Maria Lind Wallfahrtskapelle, Aphovener Mühle
Sehenswürdigkeiten in der Nähe: Lumbacher Mühle, historische Gebäude in Heinsberg
Gaststätten: In Kirchhoven, Heinsberg
Karten: Freizeitkarte Nr. 22, Maßstab 1: 50.000, Landesvermessungsamt NRW

➡ Aphoven

Von Kirchhoven aus starten wir in die Felder und skaten zunächst in einem Linksbogen in **Richtung Naturlehrpfad**, den wir rechts liegen lassen, um wellig auf recht gutem Asphalt durch die Felder und mit **Blick auf Heinsberg** weiterzuskaten. Wir kommen am Junkershof vorbei und biegen die nächste Möglichkeit rechts ab. Hier geht es auf schlechtem Weg in **Richtung Braunsrath** erst bergan, dann flach auf die **Wallfahrtskirche Maria Lind** zu.

Die **Kapelle Maria Lind** ist eine bedeutende Marien-Wallfahrtsstätte der Region, deren Ursprünge auf die regionale historische Entwicklung zurückgeht. Zur Zeit der Gegenreformation im ausgehenden 16. Jahrhundert lebte die Heiligen- und Reliquienverehrung wieder auf und kleine Kapellen, Kreuze und Kreuzwegstationen entstanden. An ältere, lokale Traditionen anknüpfend, erbat das fromme Volk von vielen Heiligen Hilfe in verschiedensten Lebenslagen: gegen Pest, epidemische Krankheiten und Blitz die hl. Barbara, gegen Schweinekrankheiten den hl. Antonius, gegen Pferdekrankheiten den hl. Leonhard, gegen Mäuseplagen die hl. Gertrud oder Halskrankheiten den hl. Blasius. Eine zentrale Stellung nahm die Marienverehrung und Marienmystik ein. Als einfacher

Pferdeidylle

Saalbau wurde Maria Lind 1749 gebaut. Im Inneren befindet sich ein Gnadenbild aus dem 17. Jahrhundert. Benachbart ist ein Klarissen-Kloster.

Hier skaten wir direkt links für wenige Meter auf einem endenden Fußweg, dann etwa 800 Meter auf der Straße weiter. Vorsicht: Hier muss mit PKW-Verkehr gerechnet werden. Wir treffen auf die **L 228**, kreuzen in den gegenüberliegenden Feldweg und können hier bei leicht welligem Gelände und wechselnder Qualität des Untergrundes bis kurz vor Aphoven skaten, vorbei an einem **Bauernhof**, hinter dem wir direkt rechts abbiegen und nach gerader Strecke in **Laffeld** auskommen (**Genstraße**). An der Kreuzung (Stoppstraße) mit der **Maarstraße** halten wir uns geradeaus in die **Schirwaldenrather Straße**. Der Fußweg ist auf diesem gesamten Stück schlecht geeignet zum Skaten, sollte allerdings befahren werden, wenn zu starker PKW-Verkehr ist. Mit dem Ende der Bebauung von Laffeld biegen wir links in den **Feldweg** ein, halten uns an der nächsten Wegkreuzung rechts (Verschmutzungen), an der folgenden T-Kreuzung links (hier wird der Weg besser) und am übernächsten Weg wieder links. Wir skaten nahezu direkt auf die **Windkraftanlage von Scheifendahl** zu. Vorsicht, hier geht es etwas bergab und wir treffen auf die **Hauptstraße**, halten uns für 50 m rechts auf dem neu gepflasterten Rad-

Die Kapelle Maria Lind

weg und biegen gegenüberliegend (links) in den **Feldweg** ein, der mit einem kurzen und sehr steilen Anstieg herausfordert. Oben angekommen, führt uns der Weg direkt auf die **Aphovener Mühle** zu.

Die **Aphovener Mühle** ist eins der Wahrzeichen eines bedeutenden Wirtschaftszweiges im Selfkantkreis des 19. Jahrhunderts. In der Gemeinde Waldfeucht übernahmen im Mittelalter zuerst **Wassermühlen** das Mahlen des Getreides. Heute sind von der Kitscher Mühle (1276), der Schersraider Mühle (1277), der Harbruker Mühle (1277) und der Quaitbacher Mühle (1343) keine Spuren mehr übrig. Im vorigen Jahrhundert wurde Getreide durch **Windmühlen** gemahlen, von denen allein zehn in der Gemeinde Waldfeucht lagen. Fünf von ihnen sind heute noch erhalten und stehen unter Denkmalschutz. Die Aphovener Mühle gehört zu den Turmwindmühlen mit gemauertem, zylindrischem Rumpf und einem ursprünglich von innen drehbaren Dach.

An der Mühle vorbei ist der Wegebelag für ein Stück von vielleicht 800 m nicht sehr schön, wird dann aber wesentlich besser. Es geht schnurstracks weiter geradeaus bis zur nächsten T-Kreuzung, dort links ab bis zur nächsten Wegkreuzung, an der wir rechts ab auf Heinsberg zuskaten. Die letzten 10 m dieses Weges sind abschüssig – Vorsicht also – und bremsen, denn unten treffen wir auf die **L 228** (Verkehr!). Direkt gegenüber skaten wir links ab auf dem gut asphaltierten Radweg bis zum **Kreisverkehr**, verlassen diesen direkt gegenüberliegend in **Richtung Waldfeucht** und biegen etwa 100 m später in den nächsten **Feldweg** rechts ein. Auf guter Wegdecke kommen wir auf **Liek** zu, halten uns an der T-Kreuzung links. Von hier ist bereits das **Wäldchen des Naturlehrpfades** zu sehen. Wir skaten an der kommenden Gabelung rechts ab und gelangen zu unserem **Ausgangspunkt** an der **Tülmerstraße** in **Kirchhoven**.

Freie, idyllische Strecke

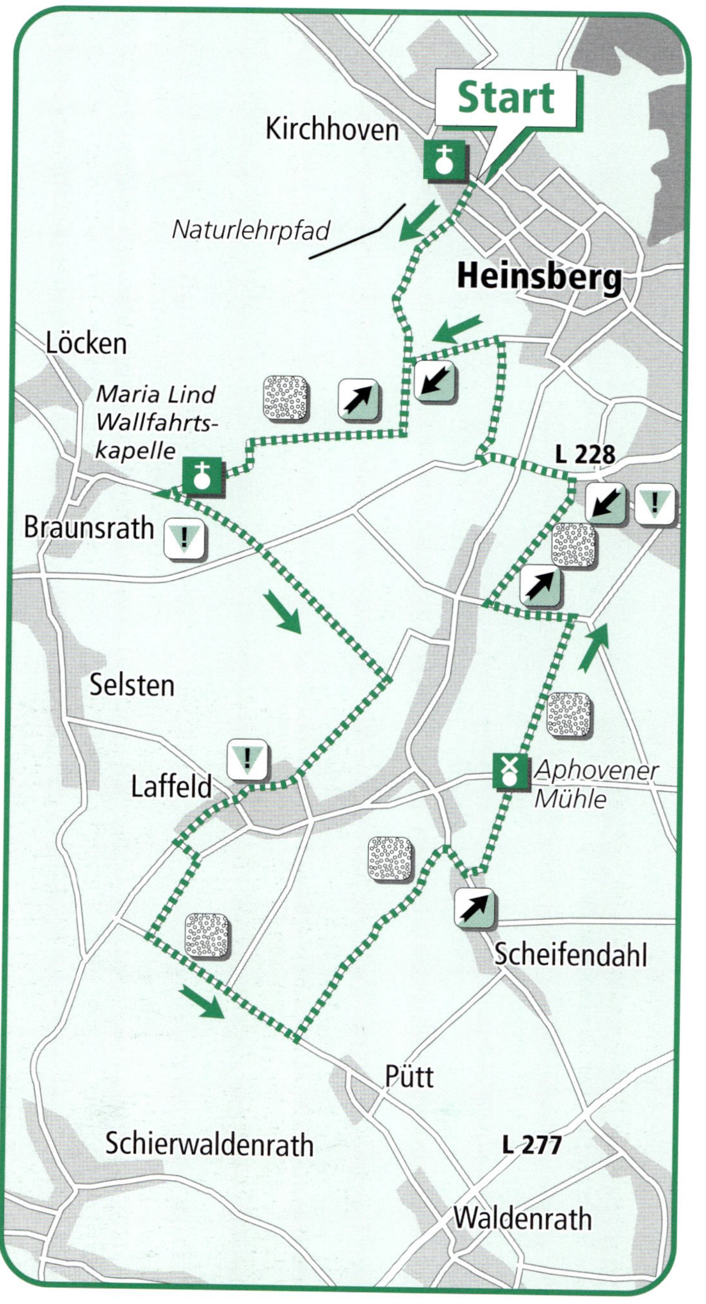
Start
Kirchhoven
Naturlehrpfad
Heinsberg
Löcken
Maria Lind Wallfahrts-kapelle
Braunsrath
L 228
Selsten
Laffeld
Aphovener Mühle
Scheifendahl
Pütt
Schierwaldenrath
L 277
Waldenrath

Start: In Kokkelen, Ortsmitte
Parkmöglichkeiten: Kokkelen
Anfahrt: Über die E 25/A 2 in Richtung Roermond, Ausfahrt 46 Roosteren
Ziel: Zum Ausgangspunkt zurück
Streckenlänge: 25 km
Streckenprofil: Flach
Straßenbelag: Asphalt, zum Teil beschädigt oder rau
Schwierigkeitsgrad: Leicht
Fahrkönnen: Anfänger
Für Familien geeignet: Ja (eventuell kürzen)
Sehenswürdigkeiten an der Strecke: Juliana-Kanal, Wohnboote im Hafen von Schipperskerk, Schloss Obbicht, Maas, Burg Ter Borch
Sehenswürdigkeiten in der Nähe: Urmond, Masseik
Gaststätten: In Obbicht, Roosteren
Karten: ANWB/VVV Touristenkaart LIMBURG, Maßstab 1:100.000, ISBN 90-18-00979-2, Freizeitkarte Nr. 17, Maßstab 1: 50.000, Naturpark Maas-Schwalm-Nette, Landesvermessungsamt Nordrhein-Westfalen, ISBN 3-89439-487-0
Sonstiges/Besonderheiten: Evtl. Verpflegung mitnehmen
Anschlusstouren: Über Masseik zu Tour 18 Stokkem

➡ Grevenbicht

Von der Parkmöglichkeit an der Brücke auf die Straße biegen (kein PKW-Verkehr) und ca. 800 m leicht bergab (bitte bremsen) über recht schlechte Wegdecke, die im Bereich der Felder wesentlich besser wird. Nach einer scharfen Linkskurve führt der Weg durch ein Gehöft, hinter dem ca. 20 m kleines Kopfsteinpflaster in einem kurzen und leichten Anstieg folgen. Nun geht es rechts ab (noch vor der Autobahn) auf den Radweg (grober Asphalt). Rechts liegt das **Gewerbegebiet Gebroek**. An der nächsten Kreuzung biegen wir rechts ab, skaten auf dem gepflasterten (Vorsicht, z.T. Längsrillen und LKW-Verkehr in den Einfahrten!) und asphaltierten (Wechsel) durch Einbuchtungen welligen Radweg weiter, der schließlich, leicht ansteigend, über **zwei Brücken** führt. Unmittelbar hinter der zweiten Brücke können wir entweder auf dem schmalen, grob geteerten Radweg (sehr schlecht, z.T. außerdem noch zugewachsen und im Bereich der Brücken gepflastert) des Dammes des **Juliana-Kanals** weiterskaten oder parallel dazu hinter dem Damm über die Straße, die gelegentlich leicht verschmutzt ist, aber kaum Verkehr hat.

Der Juliana-Kanal verbindet das südlimburgische Wirtschaftsgebiet mit dem Seehafen Rotterdam und dem Rhein. Damit besteht ein Transport-

Exoten in Limburg

weg für Wirtschaftsgüter wie Stahl, Schrott, Zement, Sand, Kalkstein und Kies. Mit dem **Juliana-Kanal** wurde nach 1929 ein 53 km langes, windungsreiches Maas-Stück auf 34,5 km abgekürzt. Das Gefälle von 23,6 m (zwischen Maastricht und Maasbracht) wird durch 3 Schleusen überwunden (Maasbracht, Roosteren, Born), die jeweils 7,4 bis 8,4 m Hubhöhe überwinden. Die „Maße" des Kanals: 46,5 m Breite an Wasseroberfläche, 5 m Wassertiefe, Kanalsohle 16 m breit, 2,8 m unter der Wasseroberfläche noch 33 m Breite (entspricht Tiefgang eines 2000-t - Schiffes). Der Kanal wird durch Maaswasser gespeist.

In der folgenden weit gezogenen Rechtskurve halten wir uns links, skaten eine leicht ansteigende Rampe in Richtung **Hafen von Schipperskerk** hinauf, halten uns vor dem Hafenbecken rechts und skaten um das Hafenbecken auf qualitativ sehr wechselhaftem Untergrund herum. Im hinteren Teil liegen Wohnboote und einige Yachten.

Wohnboote dienen vielfach als „Hausersatz". Generell ist es auf den Gewässern möglich, mit **Segel- und Motorbooten** ohne Bootsführerschein herumzuschippern, sofern das Boot kürzer als 15 m ist oder nicht schneller als 20 km/h. Schifffahrtskenntnisse sind also nicht nachzuweisen und durch den Bootsvermieter wird anfänglich einfach ein paar Mal geübt. Wasserkarten, Beschreibungen von Wasserrouten, Informationen über Besonderheiten sind erhältlich bei: Koninklijk Nederlands Watersport Verbond, Postbus 87, 3980 CB Bunnik, Tel. 030-6566550.

Hinter dem Hafen können wir auf dem Deich weiterskaten, allerdings auf schmaler und schlecht asphaltierter Strecke. Besser geht es hinter dem Deich auf der gut asphaltierten Straße, auf die wir kurz vor der Rechtskurve am Hafenende hinunterskaten können. Diese steigt schließlich leicht an zur **Verbindungsbrücke** und **Kanalschleuse** zwischen den Orten **Buchten** (nach links) und **Grevenbicht** (nach rechts). Wir halten uns nun schräg rechts in den **Obbichter Weg**, auf den zunächst für etwa 150 m gepflasterten, später geteerten Radweg (der Radweg auf dem Deich des Juliana-Kanals wird hinter der Schleuse wieder sehr schmal und schlecht). Der Radweg beschreibt einen Rechtsbogen und kommt in **Obbicht** an einem Gehöft heraus. Hier geht es ca. 50 m auf der Straße weiter (bitte auf der linken Seite halten) und nach dem ersten Haus biegen wir links ab. Es folgt ein breiter, gut geteerter Radweg, der in einem weiten Rechtsbogen an einem Gehöft vorbeiführt – hier muss mit ca. 10 m unbefestigtem Wegstück gerechnet werden – und dann auf die Straße führt. Wir halten uns links, skaten ca. 100 m auf der Straße (Vorsicht, Verkehr!) und biegen vor der nun folgenden Brücke rechts auf die große Straße ab. Auf dem breiten, gut geteerten Weg parallel zum Deich in Richtung Urmond geht es gut weiter.

Geduldige Betrachter an der Strecke

Herbstfrüchte

Nach ca. 600 m müssen wir einen Schlenker mit kleiner Abfahrt bewältigen, hinter dem eine **Weggabelung** folgt (rechts geht ein Weg mit schönen alten Bäumen ab), an der wir uns geradeaus halten. Es geht flach und eben auf der **Maasroute Lf 3a/3b** weiter bis nach **Berg** (Gemeinde Stein). Wir skaten auf der **Grachtstraat** (Anliegerstraße) geradeaus durch die Bebauung hindurch weiter (rechts ausgeschildert Gemeinde Nattenhoven), kommen am **Café Lombok** vorbei, weiter geradeaus (**Radweg R 27**) in den **Fehrweg**. Nun biegen wir rechts ab **in Richtung Obbicht** auf den **Kasteelweg** und bleiben auf dem rot markierten, allerdings etwas schmalen Radweg direkt neben der Straße. Einen Blick können wir auf das rechts liegende **Kasteel Obbicht** werfen, links liegt ein kleiner **Gasthof „T'auwt Feerhuis"**. An einem Denkmal zur Linken biegen wir vom **Kasteelweg** nach links ab in einen kleinen, sehr schmalen Weg (**Radweg R 27**), der mehr oder weniger gut geteert ist und echtes fahrtechnisches Können erfordert und direkt an der Maas entlang führt. Hier kann man in manchem Garten einen Grenzstein entdecken und hat einen schönen Blick über die Flusslandschaft. Ein bequemerer Weg führt durch die Ortschaft **Obbicht** hindurch längs der Straße.

An dem kleinen Weg liegt nun rechts ein großes Gehöft, ein Viehgatter ist zu durchqueren und wir kommen nach einem leichten Rechtsbogen auf eine große, gut asphaltierte Straße (**Radroute R 19**) in **Grevenbicht-Papenhoven**. Auf der Ecke liegt das **Gartenrestaurant „Bel-Vue"**, das mit dem hübschen Blick auf die Maas seinem Namen alle Ehre macht. Parallel zur Maas geht es auf der **Fietsroute R 13** weiter. Hier muss jetzt mit etwas PKW-Verkehr gerechnet werden, denn es geht durch Wohnbebauung.

Der nun folgende Tourenabschnitt ist etwas verworren, da wir unendlich viele Male abbiegen müssen. Aber: Orientieren wir uns an der **Ausschilderung nach Masseik**, ist der Weg nicht zu verfehlen!

Der Weg führt schließlich eng durch einige Häuser und wir skaten auf dem Deich der Maas. Sobald nun die **Ausschilderung nach Masseik** erscheint, halten wir uns rechts, skaten vom Deich herunter in die Felder. In einem weiteren großen Rechtsbogen skaten wir um ein Gehöft herum (viele Ziegen), biegen vor dem **Ortseingangsschild Grevenbicht** wieder links ab, nehmen die nächste Straße rechts und mit Beginn der Bebauung beginnt ein kurzes Stück von etwa 100 m mit roter Pflasterung. Dahinter biegen wir wieder links ab (hinter dem **Bauernhof auf der Ecke** können wir Strauße bewundern). Die nun folgende Strecke folgt der Straßenausschilderung nach Masseik, ist nahezu verkehrsfrei und landschaftlich äußerst idyllisch! An der nun folgenden Kreuzung biegen wir links ab (**Radwegeausschilderung LF 3b, R 13**), vorbei am Hinweisschild zum Eiscafé „Nostalgie", eine

Hier geht's lang

Kasteel Obbicht

schöne **Pappellallee** entlang (rechts im Hintergrund können wir das Industriegebiet Gebroek sehen, links liegt ein Bruchwaldgebiet) und kommen nach **Illikhoven**. Hier biegen wir in die Hauptstraße links ab, kommen aus dem Ort wieder heraus, skaten weiter und halten uns vor der Ortschaft **Visserweert** rechts, um durch eine **Allee** zu skaten, vorbei an einem **Gestüt** (Verschmutzungen auf der Straße) und dahinter leicht bergan.

Bevor auf es auf der Straße weitergeht, biegen wir links in den Radweg ab. Vorsicht, hier ist ein Viehgitter. Wir skaten längs der Maas auf dem recht breiten **Reijtersdeik** mit glattem Asphalt. Ein Genuss für die Füße, die nun schon einige Kilometer hinter sich gebracht haben! Ein zweites Viehgitter folgt nach etwa 1,5 km, es geht kurz den Deich herunter nach **Kokkelen** hinein in die **Kokkelerstraat**. Wir biegen rechts ab, vorbei an einem großem Hof. An der **Hauptstraße** (Verbindung zwischen Roosteren und Maaseik) können wir nach links einen **Abstecher zum Kasteel Eyckholt** (gegenüber der Fina-Tankstelle) machen, in dem ein schönes Restaurant untergebracht ist.

Wir skaten nun auf dem **rechtsseitigen, gut asphaltierten Radweg der Hauptstraße in Richtung Roosteren** weiter, treffen auf die Brücke über den Juliana-Kanal und dahinter auf unseren **Ausgangspunkt** und Parkplatz.

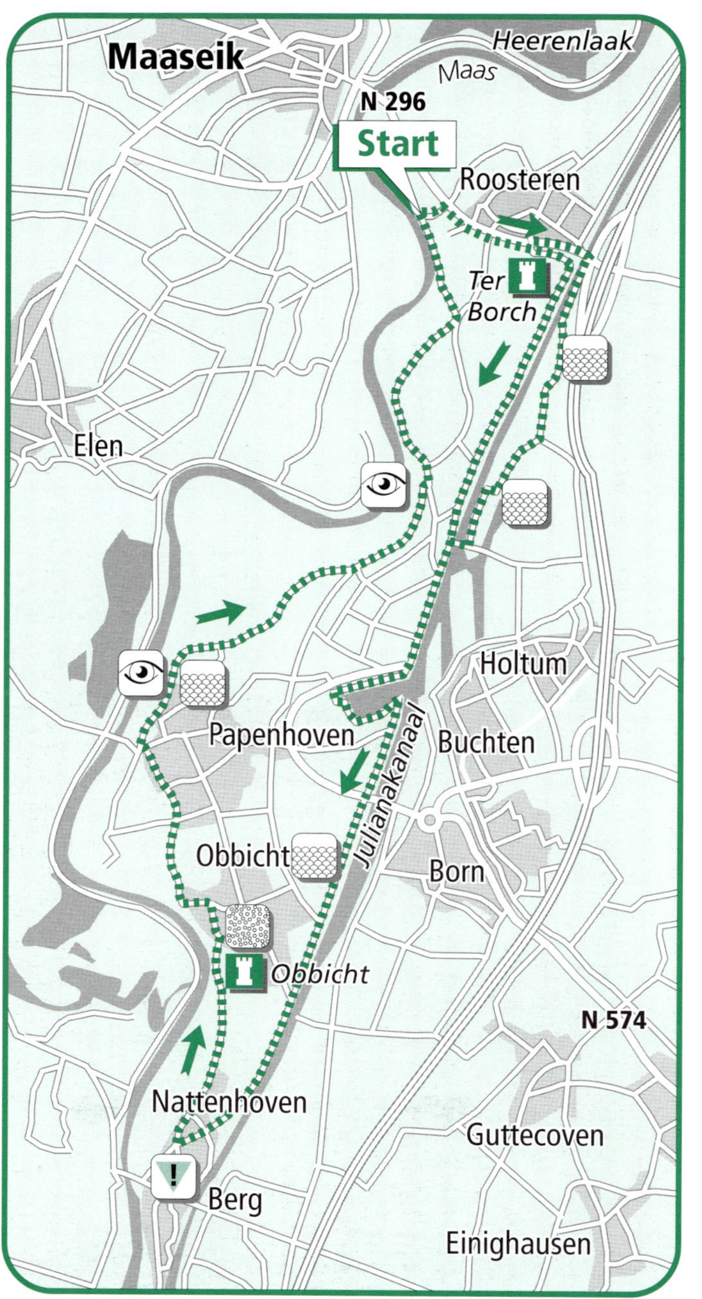
Maaseik
Heerenlaak
Maas
N 296
Start
Roosteren
Ter Borch
Elen
Holtum
Buchten
Papenhoven
Julianakanaal
Obbicht
Born
Obbicht
N 574
Nattenhoven
Berg
Guttecoven
Einighausen

Start: Direkt am Zuid-Willemsvaart kurz hinter Eisden

Parkmöglichkeiten: Vor der Brücke von Eisden nach Tuijnwijk van Eisden/Maasmechelen

Anfahrt: Über die E 25 bis zum Autobahnkreuz Kerensheide, dort auf die A 2/E 314, Ausfahrt Maasmechelen, N 78 in Richtung Roermond bis Eisden Kirche

Ziel: Zum Ausgangspunkt zurück

Streckenlänge: 28 km

Streckenprofil: Flach

Straßenbelag: Asphalt, sehr gute Qualität

Schwierigkeitsgrad: Einfach/Leicht

Fahrkönnen: Anfänger

Für Familien geeignet: Ja

Sehenswürdigkeiten an der Strecke: Zuid-Willemsvaart, Fördertürme, Mühlenviertel bei Neeroeteren, alte Bahntrasse

Sehenswürdigkeiten in der Nähe: Maasmechelen, Mühle und Schloss von Dilsen, Burg Sipernau

Gaststätten: In Lanklaar (Campingplatz), in Neeroeteren, Schloss-Hotel Kasteel Wurfeld

Karten: ANWB/VVV Touristenkaart LIMBURG, Maßstab 1:100.000, Fietskaart Limburg, Geocart Maßstab 1:100.000

➡ Dilsen

Wir beginnen kurz vor der **Brücke in Eisden** und skaten auf dem glatt asphaltierten **Radweg direkt neben dem Zuid-Willemsvaart** in **Richtung Lanklaar/Neeroeteren**. Es erwartet uns eine wunderschöne, verkehrsfreie Tour mit idyllischer Atmosphäre durch den Kanal, die Schiffe, die Angler, die Tierwelt und die wunderschönen Landschaftseindrücke! Gleichzeitig kommt Kultur nicht zu kurz – der Kohlenbergbau in Maasmechelen gehört genauso dazu wie die Ansammlung einer Reihe von Mühlen längs des Bosbeeks. Die Gemeinde Maasmechelen vollzieht viele Anstrengungen, diese Region attraktiv für den Tourismus zu machen – eine Auswirkung sind die schönen, zum Teil neuen Radwege, die uns Skatern natürlich mehr als gelegen kommen!

Der **Kanal Zuid-Willemsvaart** war lange Zeit der einzig schiffbare Verbindungsweg zwischen den belgischen Industriegebieten an Maas und Sambre und der Küste bzw. dem Mündungsdelta des Rheins. So passierten diesen 122 km langen, von 20 Schleusen durchbrochenen Kanal mit 40 m Höhenunterschied im Jahr 1926 12.204 Schiffe. Allerdings hatte das zur Folge, dass aufgrund der geringen Kapazität von Kanal und

Schleusen die durchschnittliche Auslastung der Schiffe lediglich 281 t betrug und enorm lange Wartezeiten in Kauf zu nehmen waren.

Mit dem Bau von Juliana- und Albert-Kanal verlor die Südwilhelmsfahrt ihre Bedeutung bzw. fand eine Verlagerung statt: als Verbindung zwischen Eindhoven-Helmond auf niederländischem und Tournhout-Mol-Olen auf belgischem Gebiet. Die Belgier bauten auf ihrem Gebiet mit dem **Kanal Briegden-Neerharen**, eine Außenumgehung zum Albert-Kanal. Mit dem Ausbau der Schleuse von Lanaye veränderten sich grundsätzlich noch einmal die per Schiff transportierten Gütermengen in unterschiedlichem Umfang je nach Berg- oder Talfahrt. Stets waren die Schifffahrtswege in dieser Region aber Zankapfel und Verhandlungspunkt zwischen den Anrainerstaaten Niederlande und Belgien.

Auf unserer Strecke kann der glatte Untergrund Speed-Freunde schnell zum ausgiebigen Austoben animieren. Skaten wir etwas langsamer, so fallen uns schnell die weit aufragenden alten Fördertürme und die alten Hüttengebäude auf der gegenüberliegenden Seite des Kanals auf.

Steinkohlenbergbau hatte bis in die 90er Jahre Tradition in dieser Region. Die historischen Gebäude aus dem Jahr 1925 werden zurzeit renoviert und gemeinsam mit den dazugehörigen Bergarbeiterhäusern als Museumsdorf (**Eisdense Mijnwerkerscité**) mit Archiv- und Dokumentationszentrum hergerichtet.

Es geht immer geradeaus auf dem Radweg **R 45**. Kurz vor Lanklaar verbreitert sich der Kanal. Hier besteht die Möglichkeit zum Wasserskifahren. Durch den direkt am Kanal gelegenen Campingplatz wird es lebhafter. Hier können wir die ersten „Frittes" der Tour essen. Der Weg führt über das Campingplatzgelände und nach einem Linksbogen führt er weiter am Zuid-Willemsvaart entlang.

Der Radweg dieser **Gaspeldoornroute** – nun **R 48** bezeichnet – hat hier sehr schönen Asphalt. Rechter Hand liegt das **Restaurant „de Yachthoorn"**, es geht unter der **Brücke von Lanklaar** hindurch und nun beginnt erneut ein Stück „Autobahn zum Skaten". Wir kommen zu einer Verbreiterung und einem kleinen Hafenbecken – hier müssen wir einen kleinen Schlenker unter einer Brücke hindurch machen und treffen auf eine Schar neugieriger und völlig zutraulicher Gänse.

Etwas weiter liegt die „**Taverne t'Broekhoes**". Es folgt die **Brücke von Dilsen**, und wenn linker Hand auf der anderen Kanalseite eine große alte **Industrieruine** erscheint, skaten wir an einem alten, völlig verrosteten und mittlerweile gut bewachsenen Schiff vorbei. Die Industrie wird langsam von der Vegetation vereinnahmt.

Unseren Weg begleiten immer wieder Haubentaucher auf dem Kanal und Angler, die seelenruhig bei Wind und Wetter vom Ufer aus ihre Angel ins Wasser halten. Wir skaten unter den zwei **Brücken von Rotem** hindurch (Erstere ist eine reine Fußgängerbrücke). Rechts folgt ein Bruchwaldgebiet mit vielen Pappeln. Es geht immer geradeaus, der Kanal gabelt sich und es erscheint eine kleine **Insel**. Auf ihr finden wir einen **Campingplatz**, einen Abenteuerspielplatz und das „**Café t'Eiland**". Idylle pur, denn die Mischung aus dichtem Baumbestand mit efeuumrankten Ahornen und Eichen, das plätschernde Wasser mit Röhricht und die schönen, ruhig verträumten Schiffe erzeugen Atmosphäre. Sollten wir weiter geradeaus skaten wollen, führt der asphaltierte Radweg in bewährt guter Qualität nach ca. 9 km weiter bis nach Bree. Von hier aus kann man gemütlich in entgegengesetzter Richtung den Rückweg antreten.

Wir skaten nun nach den **Radwegschildern R 47**, halten uns rechts zum Knooppunt 47 (geradeaus würde die Radroute R 13 weitergehen), skaten eine kleine Abfahrt hinab und bleiben stets rechts in **Richtung Neeroeteren Centrum**. Vor dem Sportplatz geht ein kleiner Weg links ab, vorbei an der **Hondenschool** und vor der Hauptstraße skaten wir links durch die Bebauung schlängelnd, bis wir an der Hauptstraße stehen.

Eifrige Angler

Neeroeteren hat sich als kleine Gemeinde mit Opoeteren zusammen der Stadt Maaseik angeschlossen, um gemeinsam Tourismusentwicklung zu bestreiten: die Maasflächen, das Flugsandgebiet, das Bosbeektal und das Kempische Plateau bieten jede Menge an Ausflugsmöglichkeiten.

Wir kreuzen auf den Radweg der anderen Seite und biegen die nächste Möglichkeit rechts ab in Richtung **Ausschilderung Neermolen/Sporthal/Radhuis** in die **Langerenstraat**. Hier müssen wir vorübergehend auf einem passabel groß gepflasterten Fußweg skaten, vorbei an etlichen Kneipen. Im Bereich der **Kirche**, die einen bunten Eindruck durch die Mischung des Baumaterials mit Backstein und Mergel vermittelt, müssen wir auf der Straße weiterskaten (Vorsicht, PKW-Verkehr!). An der **Brücke von Witbeek** biegen wir in den **Elerweg** rechts ein (Ausschilderung R 45) und besuchen, kurz bevor wir über den **Bosbeek** kreuzen, die Mühle „Neermolen".

Die **Neermolen** gehört zu einer Reihe von 17 Mühlen längs des Bosbeeks. Die Reste, auf denen das heutige Gebäude steht, wurden 1859 errichtet. 1912 wurde das Wasserrad durch eine Turbine ergänzt und 1995 ein Restaurant erbaut. Die Mühlen in ihrer Reihenfolge in Fließrichtung des Bosbeeks zur Maas: Nieuwe Molen, Oude Molen, Midellnieuwe Molensite, Slagmolen, Dornemolen, Dorpermolen, Houbenmolen, Volmolen, Zeverenmolen, Gebrouggemolen, Kleeskensmolen, Neermolen, Langerenmolen, Wurfeldermolen, Bosmolen, Aldeneikermolen – Einmündung des Bosbeek in die Maas.

Wir folgen der breiten Anliegerstraße bis zur nächsten Kreuzung, an der es vor einem weißen Haus links abgeht in einen neu asphaltierten Weg (**Zavelsstraat**). Nochmals über einen Bach – Vorsicht, hier gibt es aufgepflasterte Abschnitte (Drempels) – geht es wenige Meter später rechts ab in die **Verbindingsstraat** (Vorsicht, Verkehr!). Wir halten uns links und folgen der Ausschilderung **Lourdesgrot** in die **Grootlaan**. Hier ist mit mehr Verkehr zu rechnen, wir skaten immerhin mangels Rad-/Fußweg auf der Straße, die außerdem noch recht rau asphaltiert ist, an der etwas kitschigen **Grotte** vorbei längs der Radwegausschilderung 45. Es geht **aus dem Ort heraus** geradeaus, ungeachtet der Sackgassenbeschilderung. Vorbei an einem alten, sehr schön restaurierten Gutshof zur Linken macht die Straße einen scharfen Rechtsknick und führt in den **Wald** – auf nun glattem Asphalt.

Idyllisch liegen links Felder und Wiesen, rechts Wald und Bach, auffällig die vielen alten Eichen, der Weg macht eine Linkskurve und hört, als ihm der Bach besonders nah ist, nach einigen hundert Metern auf bzw. führt unbefestigt weiter. Es bleibt nichts anderes, als etwa 10 m unbefestigten

Weges (Vorsicht, Wurzeln – hier ist es etwas abenteuerlich mit Skates) nach rechts den Bach über die Brücke zu überqueren.

Immerhin kommen wir unverzüglich auf einem gut asphaltierten Weg aus, biegen sofort rechts ab und folgen dem **Radweg Nr. 43** (links würden wir nach Masseik kommen). Es geht durch das **Naturschutzgebiet Schootsheide** auf sehr guter, völlig gerader Skatestrecke! Dieser noch recht neue Weg folgt einer alten Bahnlinie.

Naturschutzgebiete wie das Wurfeld oder die Schootsheide werden in der Region von Kempen sehr gepflegt. Das bekannte nahe gelegene Wurfeld (mit dem Kasteel Wurfeld) liegt an der Grenze zwischen den Sandgebieten vom Kempen und den Lehmgebieten des Maastales. Das **Schloss Wurfeld** blickt auf eine alte Tradition zurück – es wurde erstmals 1368 erwähnt und wurde als Kloster Adelhards für seine Töchter Harlindis und Relindis gebaut. 1640 wurde das heute noch sichtbare Schloss auf diesen Mauern erbaut.

Am **Ortseingang von Rotem** treffen wir am „**Poorthuis**" (Imbiss) auf die **Hauptstraße** (**N 757**), die links nach Neeroeteren 3 km führt, kreuzen geradeaus gemäß **Radroute 43** und weiter geht's auf schönem Weg längs der Bebauung und Gärten. Es folgt die Kreuzung mit einer kleinen Straße (Vorsicht, Wellen!), es geht am **Bach Resselbeek** vorbei bis zur **Kreuzung mit der B 37**. Vorsicht, bremsen: 20 m geht es angebliche 10% bergab

Zeugen alten Bergbaus

Die Neermolen

und unten folgen einige Poller und eine aufgepflasterte Straße! Ebenso wie bergab skaten wir auf der anderen Seite ca. 20 m hoch, um dann wieder den Weg auf altem Bahndamm weiterzuskaten. An der **Fußgängerbrücke über den Zuid-Willemsvaart** kommen wir aus, genießen den schönen Blick und skaten wenige Meter hinunter auf die **Radroute R 55**, biegen links ab, um längs des Kanals unseren Hinweg zurückzuskaten und zu unserem **Ausgangspunkt** an der **Eisdener Brücke** zu kommen.

Das „**Recreatie Centrum Hommelheide**" bietet auf 56 Hektar Land einen Bungalowpark mit unterschiedliche großen Holzhäusern und einen Campingplatz, bewachsen mit viel Grün und großen Bäumen. Der See bietet alle Möglichkeiten zum Segeln, Schwimmen und eine große Rutsche. Sportanlagen (Sportplatz, Basketballplatz, Skaterplatz, Tischtennis und Boulemöglichkeiten) stehen zur Verfügung und eine umfangreiche Gästezeitschrift informiert über geführte Wandertouren und sonstige Veranstaltungen. Adresse: RCN Hommelheide, Hommelweg 2, NL-6114 RT Susteren. Fon 046-4492900, Fax 046-4493050, Mail Hommelheide@rcn-central.nl

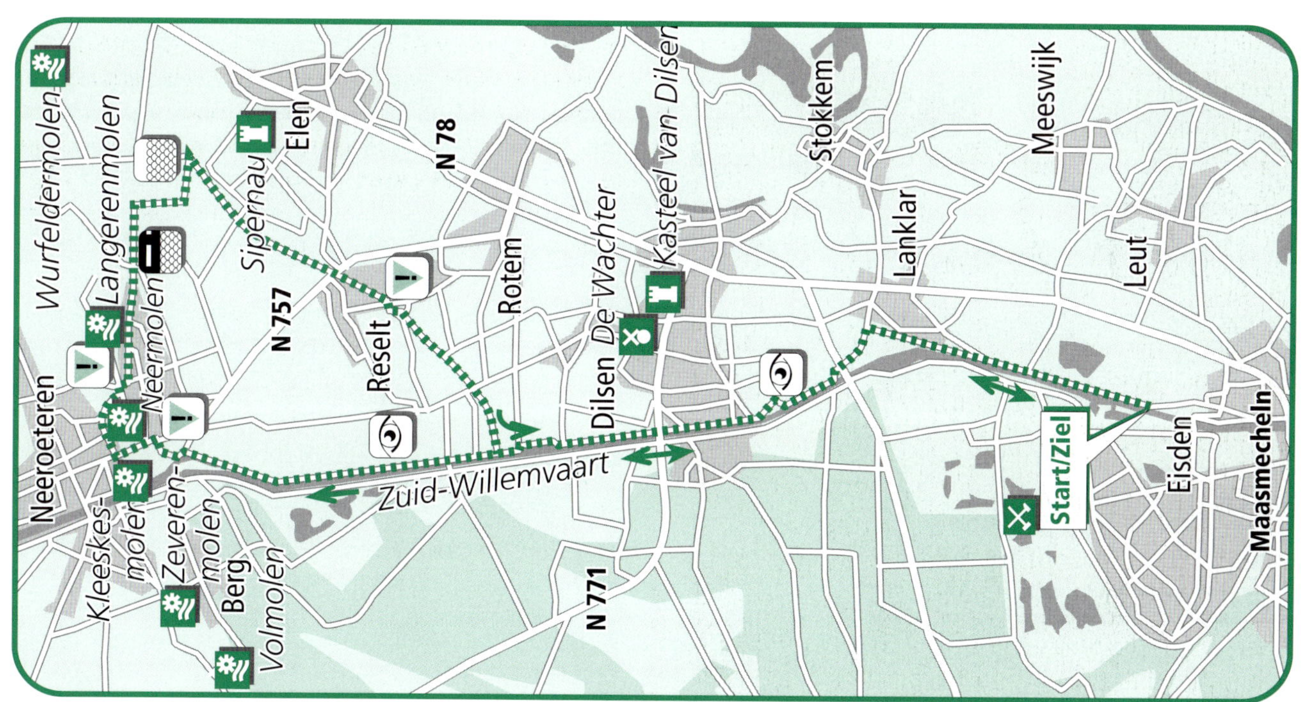

Wurfeldermolen
Langerenmolen
Sipernau
Elen
N 78
Kasteel van Dilsen
Stokkem
Meeswijk
Neeroeteren
Neermolen
N 757
Reselt
Rotem
De Wachter
Dilsen
Lanklar
Leut
Kleeskes-
molen
Zeveren-
molen
Berg
Volmolen
Zuid-Willemvaart
N 771
Start/Ziel
Eisden
Maasmecheln

Start: Booien

Parkmöglichkeiten: Parkplatz der Gaststätte direkt an der Maas

Anfahrt: Über Dilsen N 78

Ziel: Zum Ausgangspunkt zurück (Hin-/Rückroute)

Streckenlänge: (1) 3 km, (2) 9 km, (3) 17 km

Streckenprofil: Flach

Straßenbelag: Asphalt, in durchweg gutem Zustand

Schwierigkeitsgrad: Einfach/Leicht

Fahrkönnen: Anfänger

Für Familien geeignet: Ja, unbedingt

Sehenswürdigkeiten an der Strecke: Oude St. Martinuskerk, Kiesabbau, Karolina Berg, Kerkeweerd, Molenveld, Fähre nach Berg/Urmond, Vilain XIII, Mühle Nieuw Leuven

Sehenswürdigkeiten in der Nähe: Mühle De Wachter und Schloss Dilsen, Burg Ommerstein

Gaststätten: In Booien, Stokkem, Elen, Meeswijk

Karten: ANWB/VVV Touristenkaart LIMBURG, Maßstab 1:100.000, Freizeitkarte Nr. 17, Maßstab 1: 50.000, Naturpark Maas-Schwalm-Nette

Sonstiges/Besonderheiten: Hervorragende Tour für Familien

Anschlusstouren: Mit Fähre Tour 16 Grevenbicht (nördlich) oder Tour 19 Bunde Stein (südlich)

➡ Stokkem

Wer aus Richtung Dilsen kommt, sollte sich auf der Hinfahrt unbedingt die Sehenswürdigkeiten der Umgebung ansehen.

In Elen:

Die **Mühle „Te Hoop"**, die ihren Namen insofern zu Recht trägt, alldieweil nur noch zu hoffen ist, dass ihr Verfall nicht stärker an ihr nagt und sie gänzlich zu Boden wirft, steht mit zerzausten Flügeln, hervorstehenden Dachsparren, bewachsenem Mauerwerk als Skelett ehemaliger Herrlichkeit in den Feldern.

Zwischen Rotem und Dilsen:

Das **Kasteel Ommerstein** aus dem 18. Jahrhundert ist ein wunderschön restaurierter Bau mit schwarzem Schieferdach, der inmitten eines herrlich angelegten Gartens mit einer Vielzahl unterschiedlicher alter Bäume steht.

In Dilsen:

Die **Mühle „De Wachter"** ist nur noch als Torso erhalten und steht inmitten der Felder vor den Toren Dilsens – wahrlich wie ein alter Wächter. Das **Dilsener Schloss** beherbergt die Stadtverwaltung.

Ausgangspunkt für unsere Skatetouren ist **Booien**. Hier liegt eine mit großem Kinderspielplatz ausgestattete Gaststätte direkt an der Maas und den entlang führenden Radwanderwegen. Deshalb sollen von hier drei Skatetouren beschrieben werden, deren erste sich vorrangig an Familien mit Kindern wendet, denn sie ist kurz genug, verkehrsfrei genug und durchquert das Altarmgebiet der Maas.

Tour 1 (3 km): Von Booien aus geht es in Richtung Dilsen nach der Ausschilderung „D'auwe Priesterij" durch die Felder, dann über die **Brücke**

Kasteel Ommerstein

des alten Maasarmes. Direkt hinter der Brücke biegen wir rechts ab, skaten längs der Bebauung (Vorsicht auf der Straße, hier kann gelegentlich ein Auto langkommen), die aus schönen, alten Häusern besteht, und links liegt der alte, verfallene **Turm der Kirche**.

Der Hafen von **Dilsen** lag bis 1740 an der Maas. Nach großen Überflutungen verlagerte die Maas ihr Bett nach Osten und Dilsen war nur noch über die „Alte Maas" erreichbar. Im Winter 1816 blockierten Eisblöcke die Stromrinne und die Maas bahnte sich einen Weg nach „Booien". Diese Siedlung gehörte ursprünglich zu dem niederländischen Grevenbicht und ist daher höher gelegen als die umgebende Landschaft. Seitdem wird bei Hochwasser das Vieh an dieser „Zufluchtsstätte" zusammengetrieben.

Der Ausschilderung des Radweges **R 49** folgend geht es über glatten Asphalt aus dem Ort heraus, rechts haltend in die schöne Landschaft der **Bruchauenwälder (Maasveld, Deurlingsweerd)** des Altarmgebietes. Die Strecke führt parallel zu den Gewässern und in großem Rechtsbogen erscheint auch linker Hand ein **See (Grindkuil)**. Hier sind ausgesprochen viele Vögel und Gänsepaare zu beobachten. Wir stoßen wieder auf den **Maasdeich**, halten uns rechts und können von hier aus schon wieder die Gaststätte bei Booien, unseren Ausgangspunkt, erkennen.

Tour 2 (9 km): Von Booien biegen wir ab nach **links** und skaten über den Radweg, der hier aus breiten Betonplatten besteht. Vor dem **Kiesabbaugebiet** geht es rechts ab und leicht bergab auf dem gut asphaltierten Radweg weiter. Vor dem Deich ist der Radweg durch Kies und Sand verschmutzt.

Kiesabbau wurde in großem Maßstab längs der Maas betrieben und veränderte die ursprüngliche Flusslandschaft erheblich. Die flämischen Behörden entschieden, dass die Kiesgewinnung bis 2006 völlig beendet sein muss. Die Kiesgruben wurden zum Naturentwicklungsgebiet deklariert. Durch angemessene Herrichtung und teilweise Verfüllung soll eine Landschaft entstehen, die für Pflanzen, Tiere und Wanderer attraktiv ist.

Wir kommen zu einer **kleinen Brücke**, auf der ein **Aussichtspunkt** mit Bänken zu finden ist. Links ab folgt an der Maas ein **Fähranleger**. Es geht **an der Maas entlang** auf gutem Asphalt und breitem Radweg. Linker Hand liegt das **Naturschutzgebiet „Viesakker"**, nach 1,5 km geht mit einer Linkskurve der Weg von der Maas weg, führt auf den Deich und bis nach **Elen**. Mit dem Ortseingang müssen wir mit PKW-Verkehr rechnen und können im Hintergrund die **Mühle „Te Hoop"** erkennen. In Elen können wir uns verpflegen und es geht dieselbe Strecke wieder zurück nach Booien.

Windmühlen kann man hier viele bestaunen

Tour 3 (17 km): Von Booien skaten wir rechts ab in **Richtung Süden**. Es geht auf glatten, breiten Betonplatten der Radroute **R 50** folgend (in umgekehrter Richtung R 49) den Deich entlang. Links liegen erneut weite Wasserflächen der Kiesgewinnungsgebiete. In Stokkem folgt rechter Hand die Teverne/Café Vissem. Direkt am Deich folgt vom Kiesgewinnungsgebiet (**Negenoord**) durch eine Landzunge getrennt ein Altarm der Maas (**De Wissen**).

Stokkem lag bis 1816 an der Maas, die nach einer schweren Überflutung einen anderen Weg nahm. Das ganze Gebiet zwischen der alten und der neuen Maas ist seitdem als Winterbett, d.h. Überflutungsgebiet im Maastal, erhalten. Stokkem ist seit alters bekannt als die Körberstadt, denn hier wurde lange Ried der alten Kopfweiden in den Maaswiesen zu verschiedenen Korbwaren verflochten.

Das **Naturentwicklungsgebiet Negenoord** ist ein 140 ha großes Gebiet, umgeben von der alten und der neuen Maas und dominiert von Hochwasser und Kiesabbau. Ursprünglich lagen hier zwei prächtige Gutshöfe, Äcker und Weiden. Während der französischen Besetzung wurde das Gebiet für neun Oord im Schwarzhandel verkauft – daher der Name „Negenoord". Wir gelangen zum **Naturschutzgebiet Kerkeweerd**, dessen Wasserflächen und Baumbestände vielen Vögeln Lebensraum bieten.

Das **Kerkeweerd** ist ein Vorbildgebiet für die zukünftige Grenzmaas – mit Kopfweiden, Sumpf- und Morastzonen, Kies- und Sandbänken. Durch natürliche Begrasung halbwilder Tarpan-Pferde und eine kleine Population Galloway-Rinder entwickelt sich ein dichter, abwechslungsreicher Bewuchs mit Grasland, Strauch- und Waldvegetation. Das Gebiet unterlag im Dezember 1993 und Januar 1995 großen Überschwemmungen, die Lehm, Sand und Kies in diesem Gebiet absetzten. Auf den Lehmbereichen schlugen massenhaft Weiden an. Sie werden begleitet von Schwarzerle und Pappel. In höher gelegenen Bereichen keimen Harthölzer. Eine Vielzahl an Blumen hat sich angesiedelt: Kleine Pimpernelle, Rapunzelkraut, Storchenschnabel, Gelbe Schlüsselblume und Breite Wespenorchidee. An Vögeln existiert eine große Vielfalt. So lebt seit Jahren eine kleine Kolonie Graureiher hier.

Infos: Jos Keijers, Tel. 089-702761 oder Rondleijdingen Stichting Limburgs Landschaap VZW, Tel. 011-242157, Natuurcentrum de Wissem, Tel. 089-752171.

Hinter dem Kerkeweerd wird der Belag etwas schlechter. Wir folgen weiter der R 50 und im Bereich des **Baustoffhandels** (hier liegt etwas Kies auf dem Weg) macht der Weg einige Schlenker, orientiert sich wieder in Richtung Maas und wird glatter. Rechts liegt die malerische **Gaststätte des**

Molenveld (**Teere Doolen**). Die Radroute R 50 steigt zur Straße an und geht dort in den zunächst rot markierten Radweg über, ende dann nach etwa 100 Metern vor der **Fähre** (wir skaten auf der Straße – Vorsicht, Verkehr!). Wir sind in **Meeswijk** (Gemeinde Maasmechelen) und erreichen das **Café Overzeten**. Die R 50 führt hinter dem Café als **R 56** weiter. Es geht eine kleine Rampe hoch auf den Damm, dahinter wieder herunter und vom Deich weg in die Felder. Nach ca. 800 m führt der Weg mit einer Rechtskurve in den Ort **Leut** hinein. Wir halten uns direkt nach den ersten Häusern links (Vlaanderen Route Lf 7a), skaten am **Schützenplatz** vorbei und können in der Ferne die rot gestrichene Mühle „Nieuw Leven" sehen. Der Radweg führt nun direkt am **Schloss „Vilain XIII"** vorbei. Hier lohnt sich ein Abstecher und hier können wir auch im „**Kasteelhof**" einkehren.

Das **Schloss Vilain XIII** besteht aus mehreren Abschnitten. Der alte Abschnitt mit seinem Rundturm besteht aus Mergelstein, während der neuere Teil roten Klinker und Blaustein-Fensterfassungen zeigt. Den großen Park kennzeichnen große, alte Bäume.

Die R 56 folgt der Allee alter Kastanien und führt auf glattem Asphalt direkt am Schloss vorbei (Vorsicht, PKW-Verkehr!).

Skaten wir von hier weiter in **Richtung Kirche**, werden die Straßen/Fußweg-Verhältnisse zum Skaten zunehmend schwierig (Kopfsteinpflaster

Alter Turm des Schlosses Vilain XIII

oder glatte Pflasterung). An der Kirche finden wir die **Touristeninformation**. Von hier können wir noch einen **Abstecher zur Mühle** machen, sollten dann aber zurückkehren, da der Deichweg hinter Leut nicht mehr gut zu skaten ist (extrem schmal und beschädigter Asphalt!).

Die **Mühle Nieuw Leven in Leut** gehört zum Typ der „Bockmühle", dem ältesten Mühlentyp der Niederlande. Der hölzerne Mühlenkörper ist drehbar auf einer hölzernen Achse gelagert, das Mühlendach hat die Form eines Walmdaches. Die meisten Bockmühlen dienen dem Mahlen von Getreide.

Weitere Straßen oder Wege in diesem Gebiet sind kaum zu finden. Als „Landesbesonderheit" von Belgien sind in den kleineren Ortschaften häufig keine Bürgersteige vorhanden, so dass das Skaten auf der Straße zu gefährlich wird.

Von **Leut** aus skaten wir den gesamten Weg wieder zurück, der uns durch den Richtungswechsel aber wieder neue, unbekannte Blickwinkel eröffnet.

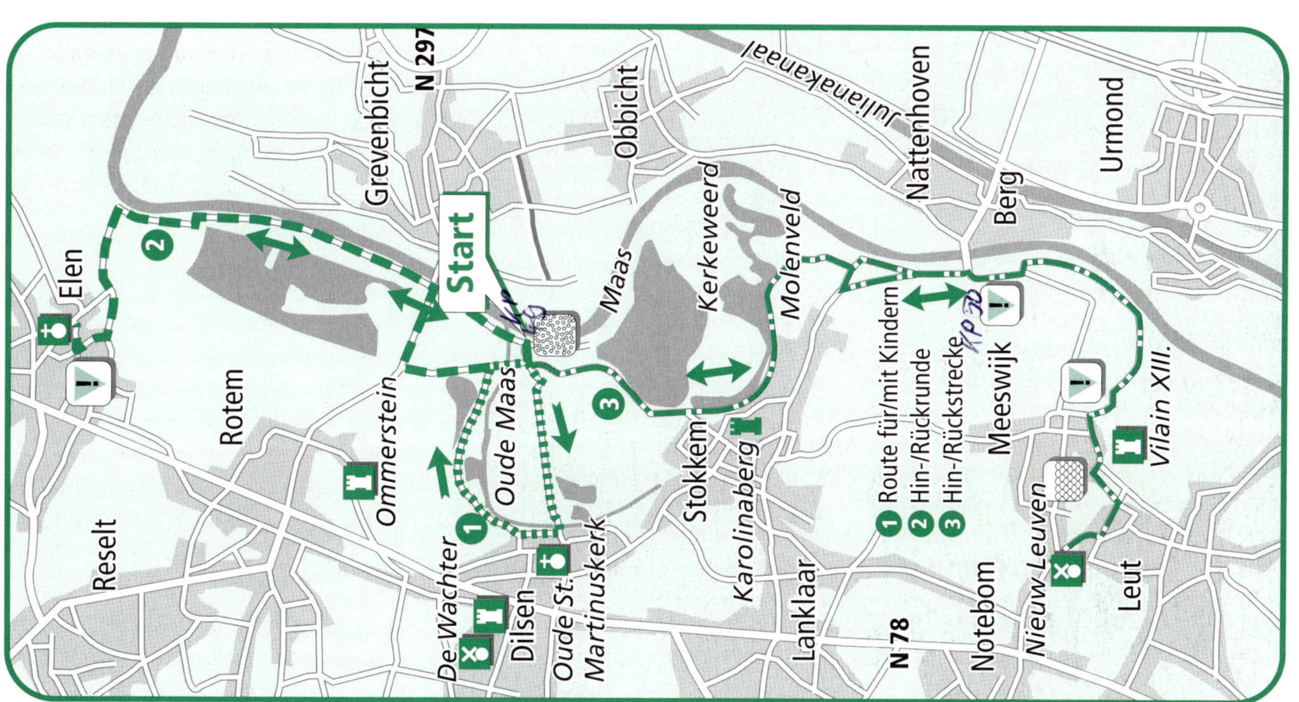
Start
Elen
Grevenbicht
N 297
Obbicht
Julianakanaal
Nattenhoven
Urmond
Berg
Maas
Kerkeweerd
Molenveld
Meeswijk
Reselt
Rotem
Ommerstein
Oude Maas
Oude St. Martinuskerk
De Wachter
Dilsen
Stokkem
Karolinaberg
Lanklaar
N 78
Notebom
Nieuw-Leuven
Leut
Vilain XIII.
Route für/mit Kindern
Hin-/Rückrunde
Hin-/Rückstrecke
1 Route für/mit Kindern
2 Hin-/Rückrunde
3 Hin-/Rückstrecke

Start: In Bunde am Juliana-Kanal
Parkmöglichkeiten: Im Gewerbegebiet von Bunde
Anfahrt: Über Valkenburg oder die AB A 76, Abfahrt Stein
Ziel: Zum Ausgangspunkt zurück als Hin-/Her-Tour: Bunde-Aan de Maas-Bunde (kleine Runde) oder Bunde-Stein-Bunde (große Runde)
Streckenlänge: 28 km
Streckenprofil: Flach
Straßenbelag: Asphalt
Schwierigkeitsgrad: Einfach/Leicht
Fahrkönnen: Anfänger
Für Familien geeignet: Ja
Sehenswürdigkeiten an der Strecke: Juliana-Kanal, Maas, Haus Geulle, Ruine von Stein, Schloss Elsloo und Altstadt von Elsloo
Gaststätten: In Aan de Maas, Kleine Meers, Stein, Elsloo
Karten: Kaart voor vakantie en vrije tijd 41/Zuid Limburg, 1: 50.000, ANWB media/Falk
Sonstiges: Schuhe mitnehmen (Altstadtbesichtigung Elsloo), Picknick
Anschlusstouren: Tour 22 Itteren

➡ Bunde – Stein

Wir starten vor der Brücke in Bunde über den **Juliana-Kanal**, skaten hier auf der Straße, die hier sehr wenig befahren ist, zunächst über die Brücke und halten uns dahinter rechts. Von hier eröffnet sich ein wunderschöner Blick über die Maas inmitten der Felder und den Juliana-Kanal. Es geht erst einmal fast 2 km hinter dem Deich auf gut geteerter, breiter Straße entlang. Speed-Fans können auf diesem Stück wieder „richtig Freude haben".
Der „Fietspad" auf dem Kanaldamm ist diesseitig nicht nur sehr schmal, sondern auch schlecht asphaltiert. Kurz vor der nächsten Brücke biegen wir links ab, folgen der Fietsroute Nr. 17 nach **Geulle-Dorp**, skaten leicht abschüssig (Vorsicht, wegen des möglichen Verkehrs auf der rechten Seite skaten) in den nächsten Ort, vorbei am **Restaurant-Café „Auwt Gäöl"**, entlang der hübschen kleinen Baumallee und kommen zur Wasserburg „**Haus Geulle**".
Das **Haus Geulle** – ein Viereckbau im Stil der hiesigen Bauernhöfe – ist renoviert und erstrahlt weiß verputzt mit Blaustein-Fensterfassungen sowie einem umgebenden Wassergraben. Die idyllische kleine Allee vor seinen Toren führt zur Ortschaft „**Geulle aan de Maas**". Der Name entstammt der Annahme, dass die Geulle, die heute viel weiter südlich in die

Schloss-Einblicke

Maas mündet, hier einmal zufloss. Der Ort ist geprägt durch die kathedralenartige, schlanke Kirche in typischer maasländischer Backsteinbauweise aus dem 17. Jahrhundert und die hübschen, schmucken Häuser entlang des aufgepflasterten Dorfplatzes.

Weiter in Richtung der Ortschaft **Aan de Maas** können wir eine schöne, in Mergelstein gebaute Kirche bewundern und passieren, immer auf der Straße skatend, den sehr idyllischen und einheitlich gebauten Ort. Im Ortsbereich ist die Straße im Holland-üblichen kleinen roten Pflaster gepflastert, das sich gut überqueren lässt. Im Ort folgt eine Rechtskurve, direkt dahinter beginnt Asphalt, wir folgen der **Straße Aan de Maas**, die in die **Kuiperstraat** wechselt (**Fietsroute Nr. 17/45, Grenzmaasroute**), und kommen zu einer Linkskurve. Hier biegen rechts ab, überqueren den kleinen **Bach**, vorbei an einem Gehöft und über eine kleine 10 m lange Steigung vorbei an einer Autoreparaturwerkstatt. Ab hier geht es auf etwas schmalerem, aber recht gut asphaltiertem, gelegentlich landwirtschaftlich verschmutztem Weg durch die Felder auf den Kanal zu. Es folgt ein kleines, weniger gutes Stück, doch dahinter nach einer weiten Rechtskurve geht es bergan bis zur **Brücke von Elsloo**, dessen **Kirchturm** weithin sichtbar ist. Wir halten uns geradeaus (Fietsroute Nr. 27) in **Richtung Meers**. Achtung, jetzt müssen wir ein Stückchen bergab skaten

(Bremsen, gelegentlich Verkehr!) und befinden uns unmittelbar zwischen Kanal und Maas (der Fietspad des Dammes ist äußerst schmal), nähern uns der **Autobahnbrücke (A 76)** und können so richtig Gas geben.

Die **Maas** hat in dieser Region ein weites, flaches Flussbett und mäandriert in großen Bögen durch die Felder. Sie ist Grenzfluss und hin und wieder können die weißen, konisch zulaufenden, etwa 1,20 m hohen Grenzsteine in Wiesen oder Gärten angetroffen werden. Die kleinen Ortschaften am Ufer der Maas haben alle ein eigenes Gepräge. Sie sind nicht homogen gebaut und nur hin und wieder, mal mehr, mal weniger lässt sich alte Bausubstanz finden.

Der Weg wird schmaler im Bereich der **Ortschaft Kleine Meers**. In einem Abstecher können hier diejenigen, die einen kleinen Ausflug geplant haben, unmittelbar **vor dem ersten Haus links in einen kleinen Fußgängerweg** einbiegen (Fietsroute Nr. 27). Dieser verläuft hübsch hinter den Häusern auf dem Maas-Damm entlang und endet nach ca. 1 km am **Café „De witte Doerstel"**. Rund um Meers finden sich noch eine Reihe kleinerer Wege, die nach Veldschuur oder Maasband führen und in hübscher Landschaft parallel zur Maas verlaufen.

Diejenigen, die **in Richtung Stein** weiterskaten und unsere Route schließen wollen, sollten zunächst der **Straße Zwaarte Laakstraat** folgen,

Kapellchen im typischen Baustil

rechts in die **Lindendriestraat** einbiegen und sich an der **Meerser Eindstraat** rechts halten. Über die **Kerkstraat** gelangen wir zur Ausfallstraße nach Stein, auf deren gut ausgebautem Radweg wir zur **Brücke** hochskaten.

Abstecher: Hier können wir auf halber Höhe links abbiegen und gelangen nach einem abschüssigen Stück (Vorsicht, bremsen!) in einer weiteren Linkskurve rechts abbiegend auf eine gut asphaltierte Straße in **Richtung Urmond**.

Die Autobahnbrücke der A 76

Mit unverwechselbarer Atmosphäre liegt der alte Ortsteil von **Urmond** mit krummen, steilen Gässchen und Treppen sowie stattlichen Häusern eingeklemmt zwischen Maas und Juliana-Kanal. Geprägt als alter Maashafen entstand hier schon 1658 eine der frühen protestantischen Kirchen. Typisch fallen die in Specklagentechnik gebauten, durch verschiedenfarbige Backsteinlagen gemusterte Häuser auf, die aus der ersten Hälfte des 17. Jahrhunderts stammen.

Unmittelbar hinter der **Brücke von Stein** gibt es zwei Möglichkeiten, wieder hinab zum Kanal zu gelangen.

Variante 1: Wir kreuzen die Straße auf die linke Seite und biegen in die schräg abfallende, gut asphaltierte Straße ein, die gute Bremsfähigkeiten abverlangt. An der T-Kreuzung unten halten wir uns rechts (**Brugstraat**), skaten unter der Brücke durch und sofort dahinter wieder rechts (Fietsroute 41, **Steenwegstraat**). Hier führt ein Weg aus der Bebauung heraus in einem weiten Linksbogen parallel zum Kanal längs eines kleinen Baches. Wir folgen diesem und gelangen nach ca. 800 m an eine Holzbrücke und einige Treppen zum Kanal-Fietspad hinauf.

Variante 2: Wir ziehen die Skates aus und biegen in den kleinen Fußweg hinter der Brücke rechts ein bis zum Kanaldamm. Die Skates wieder an den Füßen, geht es von hier aus links ab auf die Dammkrone, den hier noch schmalen Dammweg entlang, der stark wechselnde Asphaltqualität aufweist. Aber: Die reizvolle Landschaft längs des Kanals mit seinem Schiffsverkehr und die erhöhte Position, die einen weiten Blick in die Ortschaften und über die Maas zulässt, gleichen dies wieder aus.

Wir passieren im Hintergrund die **Ruine und das Schloss von Stein**. Letzteres soll als Wohngebäude umgebaut werden.

Längs des Kanalweges skaten wir unter der Autobahnbrücke hindurch (Vorsicht, schlechte Wegqualität!), ca. 300 m hinter der Brücke auf Höhe von **Elsloo** wird der Asphalt besser und der Weg führt unmittelbar am „**Kasteel Elsloo**" vorbei. Ein Abstecher nach Elsloo hinein, ein kurzer Aufenthalt in einer Kaffeestube oder eine Einkehr im **Restaurant des Kasteels** lohnen sich.

Der alte Stadtkern von **Elsloo** konzentriert sich an der Abbruchkante der Maasterrasse über dem Maastal. Die alte Waterstaatskirche von 1848 ist umgeben von prächtigen, maasländischen alten Häusern, Gässchen mit dickem Kopfsteinpflaster und alten Laternen. Das Schippersbeurs stammt aus dem 17. Jahrhundert (maasländischer Renaissancestil) und erinnert daran, dass Elsloo einst ein wichtiger Maashafen war. Im Schippersbeurs findet sich ein Heimatmuseum mit Relikten aus der Bandkeramikzeit des 2./3. Jahrtausends v. Chr.

Die Dorfkirche von Geulle-Dorp

Kasteel Elsloo

Bei Niedrigwasser der Maas kann im Fluss noch der Rest des alten Elslooer Schlosses gesichtet werden. Das jüngere **Schloss Elsloo** beherbergt in einem der Flügel des Viereckbaues ein Restaurant mit guter, französisch geprägter Küche. Sein ältester Teil – ein Eckturm – wurde in charakteristischer Bauweise mit wechselnden Klinker- und Mergelsteinlagen erbaut. Der umgebende gepflegte Schlossgarten ist heute ein botanischer Garten mit mehr als 2.000 Pflanzenarten.

Für die nächsten zwei Kilometer gibt es nun wiederum zwei Wegvarianten. Entweder wir skaten **auf der Dammkrone** weiter, deren Wegqualität sich nun erheblich verbessert – der Asfalt wird glatter und der Weg insgesamt breiter, oder wir skaten **unterhalb des Dammes** die schnurgerade Straße entlang, die breit und gut asphaltiert zu einem Geschwindigkeits-Zwischensprint einlädt. In einer Linkskurve führt schließlich ein kleiner asphaltierter Weg rechts ab auf den Damm hinauf. Diesen nehmen wir ab hier, um wieder auf der Dammkrone des Juliana-Kanals in **Richtung Bunde** zurückzuskaten.

Vorbei an den **Ortschaften Geulle und Brommelen** sichten wir schließlich die **Brücke von Bunde**. Kurz davor geht es in einem kurzen Anstieg bergan und wir kommen auf der Straße aus (Vorsicht, PKW-Verkehr!), die uns, linksseitig bergab skatend, zu unserem **Ausgangspunkt** zurückführt.

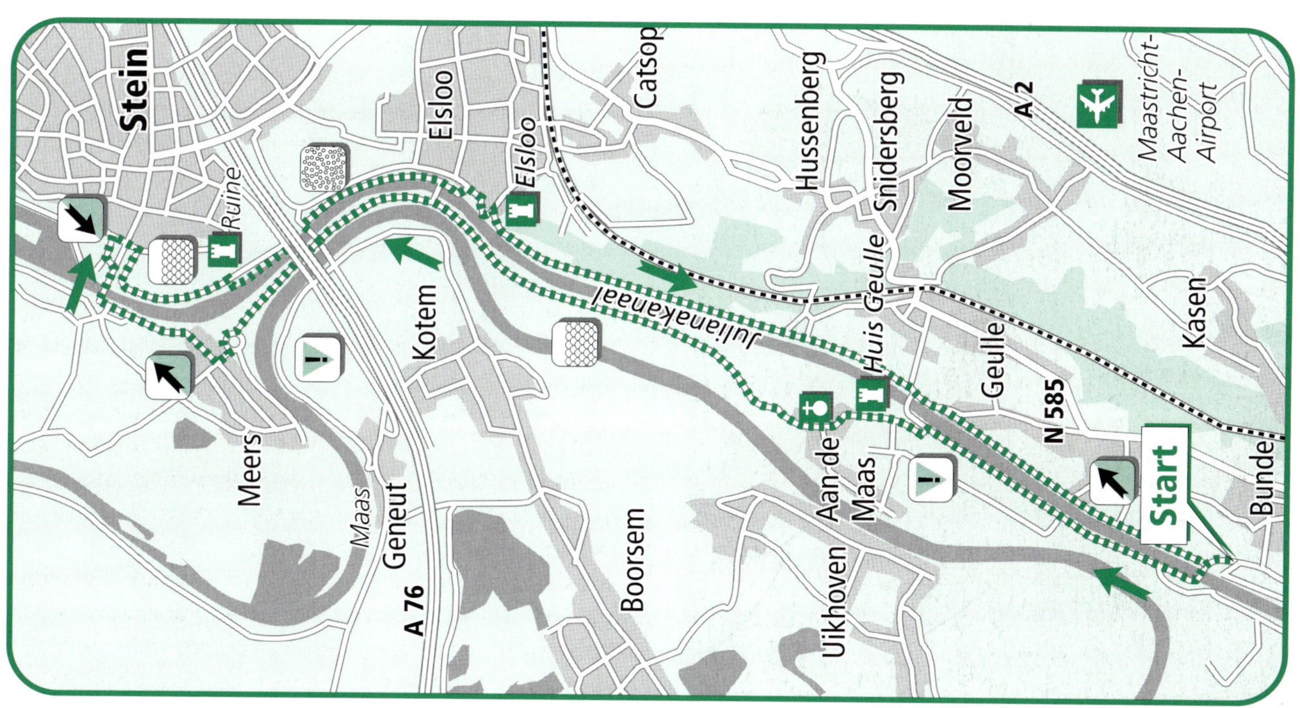
Stein
Catsop
Hussenberg
Snidersberg
Moorveld
A 2
Maastricht-Aachen-Airport
Elsloo
Elsloo
Elsloo
Ruine
Kotem
Julianakanaal
Huis Geulle
Geulle
Kasen
Meers
Maas
Geneut
Boorsem
Uikhoven
Aan de Maas
N 585
Start
Bunde
A 76

➡ Boorsem

Start: Hinter der Brücke über die Zuid-Willemsvaart

Parkmöglichkeiten: Links abbiegend unterhalb der Brücke

Anfahrt: E 314/A 76, Abfahrt Maasmechelen, Richtung Centrum, Ausschilderung „Fietspad naar Holland" (Richtung Kotem, Boorsem), über die Zuid-Willemsvaart-Brücke, dahinter links ab.

Ziel: Zum Ausgangspunkt zurück

Streckenlänge: 15 km

Streckenprofil: Flach

Straßenbelag: Asphalt, einige Stellen etwas rau

Schwierigkeitsgrad: Einfach/Leicht

Fahrkönnen: Anfänger

Für Familien geeignet: Ja

Sehenswürdigkeiten an der Strecke: Maasorte, Kajakmöglichkeiten, Windmühle „Stormvogel"

Gaststätten: In Maasmechelen, Kotem, Boorsem, Uikhoven

Karten: Kaart voor vakantie en vrije tijd 41/Zuid Limburg, 1: 50.000, ANWB media/Falk

Sonstiges/Besonderheiten: Schöne Ausflugsstrecke mit Einkehrmöglichkeiten und fast verkehrsfrei

Anschlusstouren: Tour 18 Stokkem (Verbindung über Eisden und Leut – Einstieg in Leut), Tour 17 Dilsen (Verbindung über Radweg an der Zuid-Willemvaart)

Vom Parkplatz am Ortsausgang Maasmechelen skaten wir nach der Ausschilderung Fietsroute **„Kempen en Maasland" Nr. 51** schräg hinüber zur Maas auf dem gut asphaltierten und breiten, kurvenreichen Radweg. Auch hier begegnen uns auf der gegenüberliegenden Uferseite die Kiesbagger. In einem großen **Linksbogen** gelangen wir zu einem **Boulevard**, der an einer **Kreuzung** endet. Hier geht es links in Richtung Kotem, rechts in Richtung Boorsem. Wir biegen links auf die Straße ein, auf der wir ein Stückchen parallel zum Maasverlauf skaten müssen (Vorsicht, Verkehr!). Vorbei an einigen alten Höfen von **Geneut**, steht in der folgenden lang gezogenen Rechtskurve ein größerer Hof, hinter dem wir links in einen kleinen, recht schlechten Pfad einbiegen, bis wir nach 20 m zu einer **größeren Straße** gelangen, die wiederum parallel zur Maas verläuft, allerdings fast verkehrsfrei ist. Auf dieser gut, wenn auch etwas rau asphaltierten breiten „Autobahn zum Skaten" skaten wir weiter und **folgen der großen Maasschleife**, unter der Autobahnbrücke durch bis nach **Kotem**. Markant ist die lange Allee großer Pappeln und die große Autobahnbrücke als Verbindungsstrecke zwischen Köln und Antwerpen.

In Maasmechelen

In Kotem wird der Weg etwas schlechter (z.T. raue Betonplatten), wir begegnen wieder einem alten Grenzstein von 1848 und einer Reihe von Kajaks auf einem Anhänger.

Kajakfahren auf der Maas ist eine der touristischen Besonderheiten der Region. Die Maas ist als Wanderfluss gut geeignet, da sie – mit Ausnahme der eingefassten Abschnitte in den Städten – in ihrem natürlichen Bett mäandriert. Das hat zur Folge, dass sie in vielen Abschnitten ruhig dahinfließt.

Wir skaten nun hoch auf den Deich und halten uns links, um auf der **Radroute R 52** mit gutem Asphalt weiterzuskaten. Eine Einkehrmöglichkeit besteht in dem **Café Ponderosa**. Vor dem Ortsausgang treffen wir wieder auf Betonplatten, doch wird der Weg schnell wieder hervorragend. Von hier aus besteht ein wunderschöner Blick über die **Maasauen** mit Pappelreihen und Kopfweiden. Merkwürdig muten die großen **Taubenhäuser** an, die oftmals ganze Stockwerke über dem Wohnhaus einnehmen.

Der Weg auf dem Deich ist vorzüglich geeignet, um wieder einmal „Gas zu geben", und schlängelt sich in großen Kurven längs der Maasaue. In **Boorsem** skaten wir längs der Straße auf einem guten, breiten Radweg durch die Bebauung, die eine Mischung aus Niederlande und Belgien re-

präsentiert: schmuck und aufgeräumt durch den Klinkerbau, schmudde-
lig und unaufgeräumt in den Winkeln und Scheunen. Wir treffen auf die
Taverne Oude Hoven, der gegenüber ein **Anleger für die Fähre** nach
„Aan de Maas" zu finden ist (Knooppunt von verschiedenen Radwegen –
51, 52, 45). In dieser Region stehen häufig die Grenzsteine als Markie-
rungen zwischen Belgien und den Niederlanden. Vor dem Ortsausgang
liegt die **Friture Pascal**. Wieder geht es auf den Maasdamm hinauf, etwas von der Maas weg auf die **Fietsroute R 54**. Im Hintergrund sehen
wir das **Schloss von Rekem**, bevor eine kurze Abfahrt von 10 m (ein
bisschen bremsen, wenn Radfahrer nahen) auf leicht geriffeltem Beton
unsere Aufmerksamkeit fordert.
Es geht durch Felder und Obstbaumanpflanzungen. In der nun folgenden
kleinen Ortschaft **Uikhoven** halten wir uns an der Straße rechts (Vorsicht, Verkehr, schlechter Asphalt, Verschmutzungen!), kommen an einem **Campingplatz** mit großem Spielplatz (**Café Maasvallei**) vorbei und
gelangen hinter dem Campingplatz wieder an die Maas. Für etwa einen
Kilometer ist der Asphalt glatt. Auf Höhe des Hauses, das in einem
Rechtsbogen links liegt, wird der Asphalt schlecht. Der **Goldaer Veg**
führt leicht ansteigend auf die **Brücke über den Zuid-Willemsvaart
nach Neerharen**.

An der Zuid-Willemsvaart

Stein

Hier biegen wir hinter der Brücke rechts ab, um auf der Route **R 58** weiterzuskaten. Es geht unmittelbar auf dem Radweg an der **Zuid-Willemsvaart** entlang und unter der **Brücke von Rekem** hindurch. Ab hier müssen wir kurz auf die Straße herunter. Es lohnt sich ein **Abstecher nach Rekem** hinein – der alte Ort besticht nicht nur durch das imposante **Schloss „d'Aspremont-Lynden"**, das ein hübsches Restaurant beherbergt, sondern auch durch den umgebenden Stadtbereich – mit alten Häusern und engen Kopfsteinpflastergassen.

Rekem ist ein Dorf mit äußerst wenigen Geschäften und einer erstaunlichen Bebauung. Im Mittelpunkt der Ortschaft steht das kolossale Wasserschloss d'Aspremont Lynden. Ein Renaissance-Schloss, dessen Bau die gegen Ende des 16. Jahrhunderts nach Radekeim gelangende Grafenfamilie d'Aspremont-Lynden 1597 begann. Um das Schloss herum entstanden vornehme Stadthäuser im Stil der maasländischen Renaissance und später im strengen neoklassizistischen Stil des 19. Jahrhunderts. Während der fast 200-jährigen Herrschaft der d'Aspremont-Lynden erhielten die Schlossherren Gerichtsbarkeit, Münz- und Zollrecht, ließen die Bürgerhäuser verbessern und Rekem mauserte sich zu einer Residenzstadt. Mit der Französischen Revolution wurde aus dem Schloss ein Militärhospital, eine Zufluchtsstätte für Obdachlose und Notleidende und

Freizeitvergnügen an der Maas

Am Grenzfluss

Von hier geht es nun beidseitig am Kanal weiter. Bleiben wir diesseitig (Seite Rekem), stehen uns noch zwei Abschnitte mit schlechter bzw. wegfallender Wegdecke (etwa 50 m) auf der Höhe zweier Kiesverladestationen und Verschmutzungen bevor – dazu Bagger- und LKW-Verkehr.

Skaten wir zurück, um über die **Brücke von Rekem** auf die andere Seite zu gelangen, haben wir einen ungestörten Heimweg längs des Kanals vor uns, vorbei an sich idyllisch im Wasser spiegelnden, schmucken Gehöften und im Hintergrund liegenden kleinen Wohngebieten. Zunächst kommen wir an einer **alten, verrosteten Anlege- und Verladestelle** vorbei. Der Asphalt ist vorübergehend etwas rau, sonst in sehr gutem Zustand. Auf der gegenüberliegenden Seite liegt in der Ferne die **Mühle „Stormvogel"**. Unter der **Brücke von Boorsem** hindurch geht es ungestört unter Bäumen bis zu unserem Ausgangspunkt zurück.

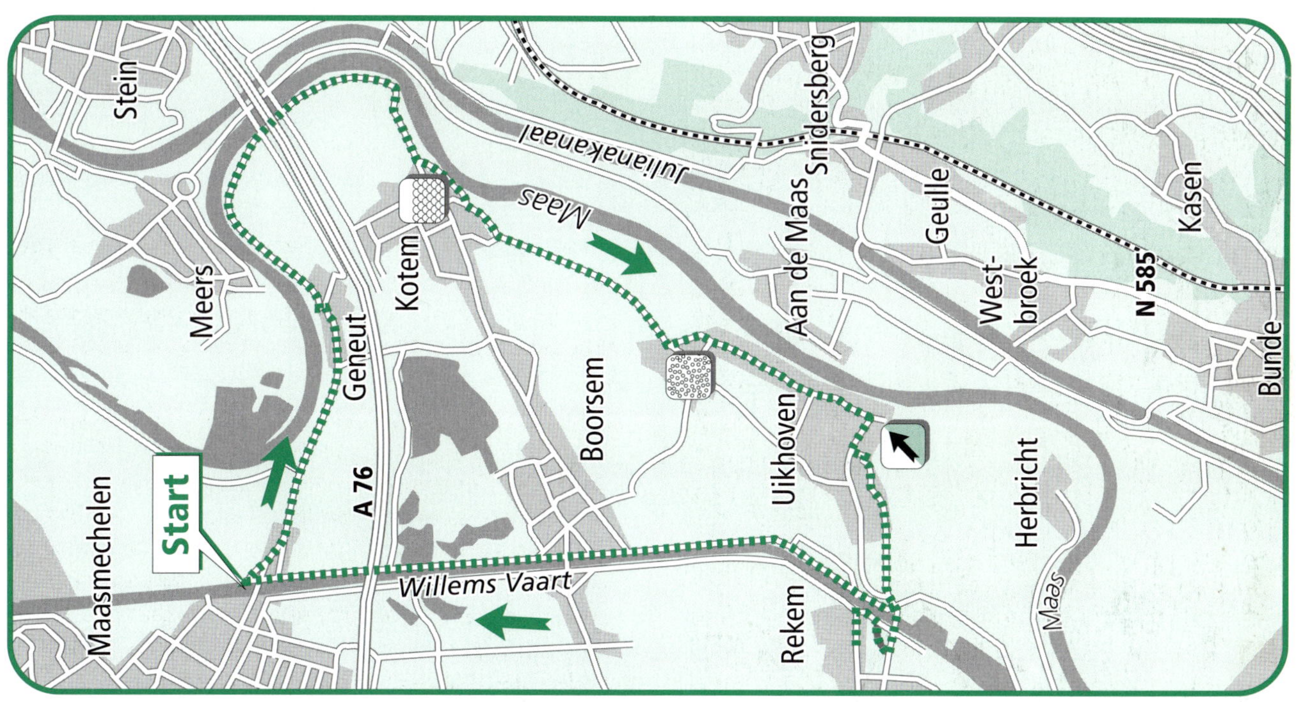

Stein
Meers
Maasmechelen
Geneut
A 76
Kotem
Boorsem
Willems Vaart
Rekem
Uikhoven
Maas
Julianakanaal
Aan de Maas
Snidersberg
Geulle
West-
broek
N 585
Kasen
Bunde
Herbricht
Maas
Start

Smeermaas
KANAAL BRIEGDEN - NEERHAREN

Start: An der Schleuse in Neerharen
Parkmöglichkeiten: An der Straße Goldaer Weg
Anfahrt: Über die E 314/ A 76, Ausfahrt Maasmechelen auf die N 78 in Richtung Lanaken/Maastricht, in Neerharen Abfahrt in Richtung Uikhoven
Ziel: Zum Ausgangspunkt zurück
Streckenlänge: 24 km
Streckenprofil: Flach
Straßenbelag: Asphalt, in wenigen Bereichen beschädigt
Schwierigkeitsgrad: Einfach/Leicht
Fahrkönnen: Anfänger mit sicherem Bremsvermögen
Für Familien geeignet: Ja
Sehenswürdigkeiten an der Strecke: Känale (Briegden-Neerharen, Zuid-Willemsvaart, Albert), Schloss Hocht, Smeermaas, Hafen bei Gellick, Lanaken
Gaststätten: In Smeermaas, Veldwezelt, Lanaken, Neerharen
Karten: ANWB/VVV Touristenkaart LIMBURG, Maßstab 1:100.000, Fietskaart Limburg, Geocart Maßstab 1:100.000
Sonstiges: Badesachen mitnehmen; wunderschönes Stück zum Speedskaten entlang des Albert-Kanals, Schuhe für einen „Fuß-Ausflug" in die Altstadt von Zons mitnehmen

➡ Lanaken

Vom **Goldaer Weg** biegen wir vor der Brücke links ab, skaten über ein sehr breites Viehgitter und einige Drempels (Verkehrsberuhigungen) auf einen glatten Asphaltweg durch das **Naturschutzgebiet „Hoch-de-Bampt"**. Hier geht es auf einer „Autobahn zum Skaten" durch ein wunderschönes **Waldgebiet** – mit dem kleinen Nachteil, dass gelegentlich Äste und Laub auf dem Weg liegen. Die Strecke (**Radwanderweg R 54**) ist flach und sowohl rechter als auch linker Hand glänzen im Hintergrund die Wasserflächen – des Zuid-Willemsvaart und der Kiesseen. Wir passieren erneut ein Viehgitter, kommen aus dem Wald und skaten nach rechts in die **Kerkhofstraat**, hinter dem **Caféhaus Melange** her. Rechts liegt nun tief unten der Kanal, links folgt ein kleiner Friedhof und wir kommen nach **Lanaken-Smeermaas**.

Smeermaas, gelegen an der Maas und an der Grenze zu den Niederlanden, wurde um 1500 als Smeeldemale, als Anlegeplatz für Schiffe bezeichnet. 1875 bekommt dieser Platz eine eigene Kirche, die im Zweiten Weltkrieg stark beschädigt, später wieder aufgebaut wurde und heute ein bemerkenswertes Beispiel für moderne Architektur und Kunst ist, da

Schiffehafen von Gellick

in ihrem Inneren ein 100 qm großer Kreuzweg aus der Hand eines Lanaker Malers (Edmond Florens) zu sehen ist.

An der **Hauptstraße** halten wir uns rechts, überqueren die Brücke über den Zuid-Willemsvaart, um direkt dahinter wieder rechts abzubiegen und langsam dem **Radwanderweg R 54** folgend bergan zu skaten. Es geht längs der Bebauung (links) wieder parallel zum Kanal auf gutem Asphalt in ein Neubaugebiet (Untergrund etwas rau) und schließlich in die freien Felder. Hier ist der Asphalt wieder glatt, der Weg ist leicht abschüssig und äußerst idyllisch gelegen. Eine alte Eichenallee im Bereich des **Lankankenbaches** folgt und ganz versteckt hinter den hohen Bäumen liegt das **Schloss Hocht** mit einem sehr gepflegten Garten und uralten Bäumen.

Schloss Hocht ist ein Kulturdenkmal. Am Ende einer Allee erscheint ein Rokokoeingang, von H. van Piesis im 12. Jahrhundert an die Zisterzienser von Hocht gegeben. Während der Französischen Revolution wurde die Abtei aufgegeben. Das Backstein-Hofgebäude wird auf das 18. Jahrhundert datiert – erhalten sind die Pastorenwohnung von 1772, das Mühlenhaus von 1603 und die Ruine der Abteikirche. Das Abtissenquartier ist der einzig übrig gebliebene Flügel des einstigen Klosters – und ist das heutige Schloss. Die Vorderfront ist 52 m lang und hat 55 Fenster. Der umgebende Park, die Weiden und Obstgärten sind Landschaftsschutzgebiete.

Es geht im Bogen um das Schloss herum, und wegen der Bäume ist mit Ästen und Laub auf dem Weg zu rechnen. Am Kanal entlang folgt wieder ein landschaftlich sehr schönes Streckenstück, bis zum **Zusammenschluss der Kanäle Zuid-Willemsvaart und Briegden-Neerharen**. Der Weg macht eine Linkskurve und dahinter wird er schmaler, ist durch hochdrückende Wurzeln aufgerissen und leicht bergauf kommen wir an der **Schleuse Neerharen** heraus.

Wenn wir von hier links abbiegen und der Flandern-Radroute LF 7a folgen, können wir einen Abstecher zum Schloss, dem sehr gepflegte Obstplantagen vorlagern, machen. Hinter einer großen Rechtskurve wird die Straße breit, unter Ahornbäumen steigt sie leicht an und kommt über ein kleines Stück Kopfsteinpflaster auf der Hauptstraße aus (**Steenweg**; Verbindung Maastricht-Lanaken). Hier müssen wir sehr vorsichtig sein, denn es herrscht ausgesprochen viel Verkehr!

Wir versuchen, die Straße auf die gegenüber liegende Seite zu kreuzen, halten uns links und müssen ein etwa 80 m langes abschüssiges Stück auf dem abgetrennten Radstreifen bergab skaten (bremsen!). Dann biegen wir rechts ab in den **Industrieweg** des Gewerbegebietes. Der Untergrund ist nicht optimal – die Betonplatten lassen nur unruhiges Skaten zu. Es geht wieder parallel zum Kanal (diesmal ist es der Briegden-Neer-

Kasteel Hocht

Schleusenhäuschen Schleuse Neerharen

haren) mit wenig Verkehr und **der LF 7b folgend**. Wir treffen auf die Unterführung des Autobahn-Zubringers, halten uns längs des Industriegebietes, bis dies auf der Höhe des Kanaldreieckes (**Einmündung des Briegden-Neerharen-Kanals in den scharf links abbiegenden Albert-Kanal**) aufhört. Auf freier Fläche können wir eine kleine, ca. 50 m lange Rampe zum **Albert-Kanal** hinunterskaten, um auf sehr gut asphaltiertem Radweg direkt am Wasser weiterzuskaten. Diese Strecke entschädigt voll für das etwas schlechte Stück durch das zurückliegende Gewerbegebiet! In Bereichen der Auf-/Abfahrten liegt immer etwas Sand und unter den Brücken ist der Asphalt stets etwas rauer. Trotzdem lässt die Strecke nichts zu wünschen übrig für das Herz speedbegeisterter Skater. Wir nehmen die Auffahrt zur **ersten Brücke** (Vorsicht, hier geht es wirklich knackig bergan) und gelangen auf die **Carabiniers-Laan** von **Veldwezelt**.

Veldwezelt liegt an der romanischen Handelsstrecke Tongeren-Nijmegen und wird erstmals 1157 als Wiosello erwähnt. Stadtrechte erhielt es wahrscheinlich im 12. Jahrhundert von Maastricht, später gingen sie an Lüttich. Das spätere „Wezelt" stammt vom germanischen „Weiden" ab, da auf seinen fruchtbaren Lehmböden viele wohlhabende Höfe wirtschafteten und noch heute viele Weiden und Obstgärten das Ortsbild prägen. Heute ist Veldwezelt eine „Wohnstadt", denn die meisten Einwohner arbeiten in Maastricht.

Nachdem wir den super Ausblick ausgekostet haben, skaten wir auf der anderen Seite, fast ebenso steil wie es zuvor bergauf ging, wieder bergab. Dieses Stück ist nur Skatern zu empfehlen, die wirklich gut bremsen können! Alle anderen sollten für das kurze Stück die Skates unter den Arm klemmen und laufen!

Schnell gelangen wir wieder zum erweiterten Hafenbecken, in dem Schiffe zum Beladen liegen. Es geht durch eine weite Linkskurve und dann zur **Brücke von Gellick** hinauf. Vorsicht, hier oben muss mit reichlich PKW-Verkehr gerechnet werden. Hinter der Brücke halten wir uns an die **Radwegeausschilderung „Alle Richtungen"** (Radweg R 54 Kempen en Maasland/ Kasteelroute), biegen sofort wieder rechts auf dem Weg mit den geriffelten Betonplatten und mit wenig Verkehr. Im Bereich der **Firma Gobo** setzt Asphalt ein, der im folgenden Gewerbegebiet etwas rissig, aber gut skatebar ist.

Der Hafen von Gellick – „**Gellick**" geht auf das galloromanische Galliacum „zugehörig zu Gallius" zurück – ist ein Hinweis auf eine romanische Siedlung. Gellick war lange Zeit eine Bauerngemeinde, gelegen inmitten großer Heidegebiete. Einige dieser Heideflächen wurden zwischen 1861

Sint-Ursula-Kerk in Lanaken

und 1900 mit Nadelbäumen bepflanzt. Gellick wird durch den Albertkanal zerschnitten und ist noch heute eine Oase des Grüns. Mit dem Naturschutzgebiet „De Krieckaert" gehört zu Gellick ein 100 ha großes Waldareal. Kleine und mittelgroße Industrie findet sich ebenfalls – allerdings liegen die Hauptaktivitäten im Bereich des Waren- und Produktumschlages durch den Hafen.

Der Weg führt **unmittelbar durch den Hafen**, so dass ein hautnahes Erleben beim Beladen der angedockten Schiffe möglich ist. Der Untergrund ist zwar recht schlecht, mit Betonplatten, Rissen, Verschmutzungen und einigen Löchern, ist aber umso interessanter – nicht nur wegen der Schiffe, sondern auch wegen der Beladung. Riesige Kräne hieven riesige Papierstapel und -rollen und riesige Greifschaufeln packen große Ladungen an Sägespänen, um sie in den Schiffen verschwinden zu lassen. Zum **Ende des Hafens** wird der Weg erheblich besser und wir kommen zum Anfang des kleinen **Kanals Briegden-Neerharen: „Welkom en et Maasland"**.

Wir gelangen zu einer **kleinen Schleuse**, skaten links daran vorbei leicht bergab und unter einer **kleinen Fußgängerbrücke** (**Bessemer Straat**) hindurch. Vorher geht es links hinauf zum **Zentrum von Lanaken**, zu dem sich ein Abstecher lohnt.

Lanaken war schon äußerst früh bewohnt – bereits im Neolithikum (8000-4000 v.Chr.), in romanischer und merowingischer Zeit. „Ludinaca" wird erstmals 810 schriftlich erwähnt. Um 1100 empfingen die Herren von Pietersheim ein Landgut vom deutschen Kaiser und errichteten eine Burg mit Namen Pietersheim. 1165 gründete Theodoricus von Pietersheim die Abtei von Hocht, die bis 1216 von Zisterzienserinnen bewohnt wurde und später zu einem Stift für adelige Damen wurde. Bemerkenswert in Lanaken ist die neogotische Sint-Ursula-Kerk aus den Jahren 1860-1864. Mit dem 61 m hohen Kirchturm dominiert die Kirche den alten Dorfkern noch heute. In der Nähe findet sich das Landgut Pietersheim als Jagdschloss der Familie Merode. Es wurde 1910 errichtet, brannte ab und wurde im neoklassizistischen Stil wieder aufgebaut. Heute ist es in Gemeindebesitz und beherbergt ein Restaurant-Hotel mit Sportzentrum.

Ansonsten halten wir uns **schräg rechts** und skaten weiter längs der **Radroute R 54**.

Es geht unter der Brücke des Maastrichter Wegs durch, am Kanal führt ein breiter, glatt asphaltierter, sehr idyllischer Weg weiter. Unter den Brücken liegt meist etwas Sand oder Kies. Wir kommen zur Brücke, über die der Steenweg führt. Links bleibend, erreichen wir eine Anlegerstelle,

Gellick: Kleiner Hafen am Albert-Kanal

in deren Bereich der Asphalt rau und hubbelig ist und zudem auf einem Stück von 150 – 200 m Sand liegt. Unmittelbar folgt die **Schleuse Neerharen**, um die wir außen herum skaten.

Schleuse Neerharen

Die idyllisch gelegene kleine **Schleuse Neerharen** wurde in den Jahren 1933-35 gebaut. Hier wird ein nicht unerheblicher Anteil an Schiffsverkehr „gehoben", denn das dahinter liegende Stück des Briegden-Neerharen-Kanals, der 1934 erstellt wurde, stellt die Verbindung zum Albert-Kanal und damit weiter nach Lüttich her. Neerharen bekam 1823 etwas mehr Bedeutung, als es Anleger auf dem Weg Maastricht-Maaseik durch den Zuid-Willemsvaart wurde.

Der Zuid-Willemsvaart-Kanal hingegen führt direkt nach Maastricht und ermöglicht dem Schiffsverkehr – durch nochmalige Hebung an der Schleuse Limmel vor den Toren Maastrichts – den Übergang in die dort schiffbare Maas. Bis nach Süden in Richtung Lüttich folgen auf der Maas noch zwei weitere Schleusen: auf der Höhe von Argenteau und Jupille-sur-Meuse.

Zu Neerharen gehört das 42 ha große Naturschutzgebiet Neerharerheide, gelegen auf dem Kempische Plateau (53-70 m). Strauchheidevegetation wechselt mit Sommereichen-Birken-Wäldchen.

Hinter der Zusammenführung beider Kanäle hat unsere Radroute die Bezeichnung **R 58**. Die folgende **Neerharener Brücke** skaten wir hinauf, um auf der anderen Seiten leicht bergab zu unserem **Ausgangspunkt** zurückzugelangen.

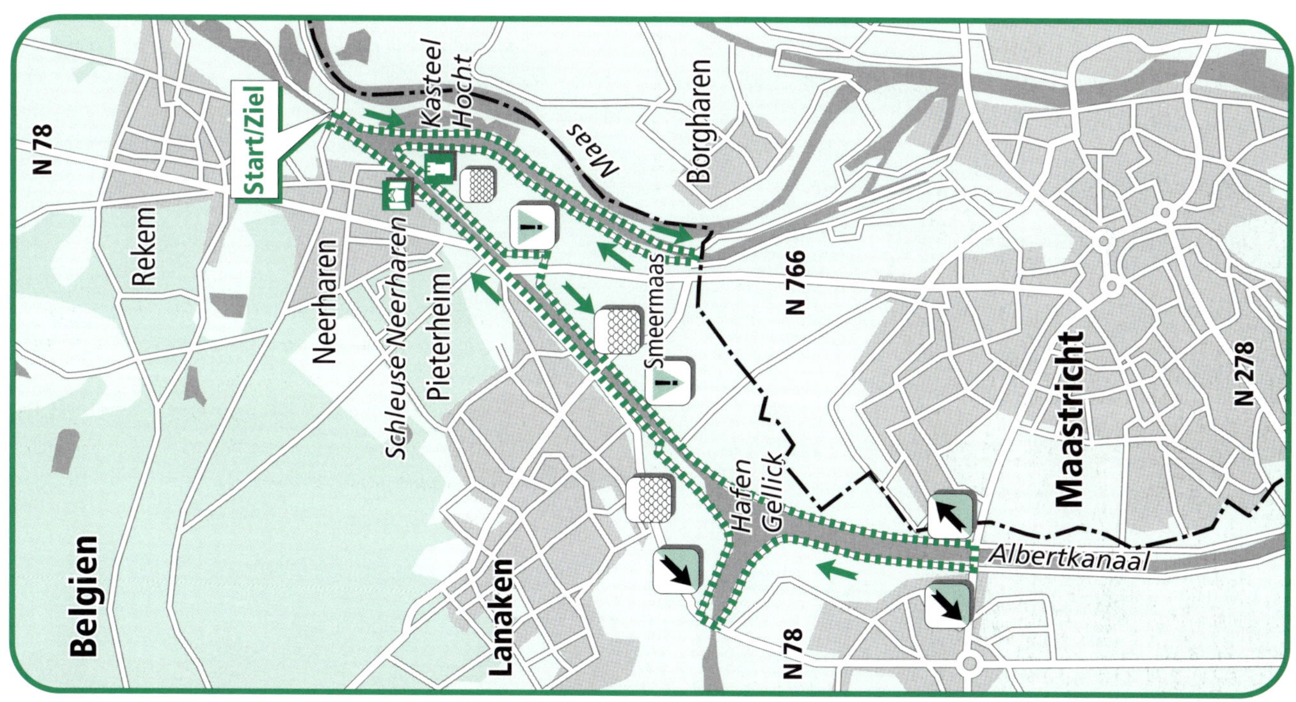
N 78
Start/Ziel
Kasteel Hocht
Borgharen
Maas
Rekem
Neerharen
Schleuse Neerharen
Pieterheim
Smeermaas
N 766
Maastricht
N 278
Belgien
Lanaken
Hafen Gellick
N 78
Albertkanaal

Start: Ortsausgang Bunde am Fuß der Brücke über den Juliana-Kanal

Parkmöglichkeiten: Parkplatz an der Spedition, sonst in den Anliegerstraßen

Anfahrt: Über die A 79 von Heerlen, Abfahrt Bunde, N 585 in Richtung Brommelen, links ab; oder über die A 2 von Geleen, Abfahrt Meerssen, N 585 wie oben.

Streckenverlauf: Bunde – Itteren – Borgharen – Bunde

Ziel: Zurück zum Ausgangspunkt

Streckenlänge: 12 km

Streckenprofil: Flach

Straßenbelag: Asphalt z.T. beschädigt

Schwierigkeitsgrad: Einfach

Fahrkönnen: Anfänger

Für Familien geeignet: Ja

Sehenswürdigkeiten an der Strecke: Brücken über den Juliana-Kanal, Maas, Gehöft Haertelstein, Burg Borgharen, Schleuse Limmel, Burg Meerssenhoven

Gaststätten: In den Ortschaften

Karten: ANWB/VVV Touristenkaart LIMBURG, Maßstab 1:100.000, Fietskaart Limburg, Geocart Maßstab 1:100.000

➡ Itteren – Borgharen

Wir skaten die Auffahrt zur **Brücke** hinauf und genießen den Ausblick auf den **Juliana-Kanal**, die begleitenden Pappeln und den regen Schiffsverkehr.

Der **Juliana-Kanal** wurde angelegt, um das südlimburgische Wirtschaftsgebiet mit den anderen Wasserstraßen und damit an den Seehafen Rotterdam und an den Rhein anzuschließen, um einen Transportweg für Steinkohle in die Niederlande, zum Rhein und zur Schwerindustrie nach Lüttich und Lothringen zu schaffen. Heute wird kaum mehr Steinkohle, dafür aber Stahl, Schrott, Zement, Sand, Kalkstein und Kies transportiert. Auf der anderen Seite hinab folgen wir der Straße, die hier kaum Verkehr aufweist, und skaten nach wenigen Metern etwas weiter unten links ab in den **Haertelsteinveldweg**, die wenig frequentierte **Straße parallel hinter dem Deich** (guter Asphalt) entlang. Der kleine, asphaltierte Weg auf dem Deich ist hier qualitativ schlecht und sehr schmal. Rechter Hand liegt in den Feldern der alte **Gutshof Haertelstein**. An einer kleinen Brücke geht es rechts ab nach Itteren.

Hier ist auf dem etwas rauen Asphalt mit landwirtschaftlichen Verschmutzungen zu rechnen. Vor dem Ort queren wir einen kleinen Damm

Am Juliana-Kanal

(Vorsicht, dahinter ist eine Schranke!). Wir befinden uns auf der **Radwanderroute LF 3a**. Wir kommen auf den Radweg der Straße **Op de Warreji** und skaten, uns rechts haltend, durch den Ort **Gemeinde op de bos**, **Ruyterstraat**, **Pasestraat**. Dies muss teilweise auf dem markierten Radweg, teilweise auf dem Bürgersteig und teilweise auf der Straße geschehen (Vorsicht, Verkehr!).

Itteren, das direkt an der Maas liegt, ist geprägt durch die kleinen schmucken Backsteinhäuschen, die Fenster- und Türfassungen aus den grau-blauen Kalksteinen (Blaustein) der Region aufweisen. Fassadenbegrünung, schmale Straßen, Fischgrät-Pflasterung der Straße und die Nähe zur Maas schaffen eine eigene, wohltuende Atmosphäre.

Hinter Itteren geht es auf dem rot markierten Radweg eine kleine Steigung hoch und auf Höhe der kleinen gelben Kapelle biegen wir rechts ab. Vorsicht, Gefälle, schlechter Wegbelag und eine Linkskurve! Wir skaten **längs der Maas** auf landschaftlich schönem Weg und gutem Asphalt auf **Borgharen** zu und schauen auf Lanaken am anderen Ufer der Maas. Am Ortseingang **Borgharen** halten wir uns an der Route LF 3a längs der Maas und entlang der Bebauung entweder auf dem Bürgersteig (sehr schmal) oder auf der sehr breiten Straße (**Daalstraat**). Hier finden sich etliche Cafés längs des Ufers. Links liegt das **Kasteel Borgharen**. Wir bleiben auf der Straße (**Middenstraat**, **Bovenstraat**) und biegen kurz vor dem Ortsausgang links auf den gut asphaltierten Radweg nach Maastricht ab (**Schutkolkweg**), der durch die Felder führt. Nach großem Linksbogen geht es leicht bergan, und wir gelangen zur Straße, auf der wir vorsichtig 50 m zur **Schleuse Limmel** hinaufskaten.

Borgharen ist ein guter Ausgangspunkt für Wanderungen zu Fuß, per Rad oder per Kajak. Nach einer Besichtigung des **Kasteel Borgharen**, das inmitten eines Parks gelegen, eine Mischung unterschiedlichster Baustile verkörpert. In Borgharen ist es möglich, bei „**Kajak Tour Limburg**" alles Notwendige für eine Tour auf der Maas auszuleihen: ein Boot, Instruktionen, Schwimmweste und wasserdichte Box. Verpflegung, Rückfahrt mit Taxi oder Bus oder Fahrradweitertransport können inclusive gebucht werden. Infos: Kajak Tour Limburg, Oranjeplein 42A, 6224 KJ Maastricht. Tel. 0031-4336 33 955.

Die **Schleuse Limmel** erfüllt eine besondere Aufgabe. Sie markiert den Beginn des Juliana-Kanals und dient bis heute als Hochwasserschleuse, die normalerweise offen steht. In trockenen Zeiten muss der Julianakanal gespeist werden (ca. 10 m³/sec). Durch die Schleuse und das Stauwehr bei Borgharen wird geregelt, dass das Wasser, welches bei Maastricht der Maas entnommen wird, einerseits für den Juliana-Kanal,

Schleuse Limmel

Eingangsturm Kasteel Borgharen

andererseits für die Grenzmaas ausreicht. Bei geringen Wasserständen wird Wasser von der untersten Staustufe des Juliana-Kanals nach Borgharen zurückgepumpt und durch die Schleuse zurückgehalten, während das Stauwehr für den in Verträgen von 1863 festgelegten Wasserstand in der Grenzmaas sorgt.

Darüber hinaus sorgen die Wehre und die Schleuse dafür, dass –besonders bei plötzlichen, heftigen Hochwasserwellen – die Schifffahrt auf dem Juliana-Kanal nicht beeinträchtigt wird.

Kurz vor der Schleuse schnallen wir die Skates ab und gehen einige Treppenstufen zum kleinen Deichweg hinab (den Fußweg sollte man nicht hinunterskaten – er ist steil, sehr schmal und sehr uneben!). Der Radweg auf dem Deich ist sehr schön – am gegenüberliegenden Ufer liegt das Industriegebiet Marienwaard. Nach ca. 1,5 km geht der Radweg vom Deich ab, wird hier uneben und sehr schmal. Wir skaten an der **Rückseite eines Gewerbebetriebes** entlang unter großen Pappeln, deren Wurzeln hin und wieder den Asphalt hochgedrückt haben. Wir treffen wieder auf eine Straße und können nun entweder den **Deichweg** entlangskaten, der allerdings sehr schmal und uneben ist, oder aber auf der Straße, die wir auf der Hinfahrt in Richtung Itteren verlassen haben, auf der viel Platz, guter Asphalt und ausreichende Breite gegeben ist. Die

Kasteel Meerssenhoven

dritte Möglichkeit führt uns über die **Itteren-Brücke** hinüber auf die andere Seite des Kanals. Vorsicht in der Abfahrt – wir müssen uns links auf dem rot markierten Radweg bewegen. Direkt unten angekommen, skaten wir 20 m auf der Straße nach Bunde und biegen in das Wasserschutzgebiet in Richtung Kanal ab. Hier ist mit starken Verschmutzungen, Steinchen und rauem Asphalt zu rechnen. Vor dem Deich des Kanals geht es links und nun parallel unter mächtigen Pappeln hinweg bis zur **Bunde-Brücke**. Der Asphalt ist hier von stark wechselnder Qualität und zum Teil durch hochdrückende Wurzeln, Steinchen und Löcher beschädigt. Im Hintergrund ist von weitem das **Kasteel Meerssenhoven** zu sehen.

Kurz vor **Bunde** macht der Weg einen Rechtsknick und wir kommen direkt an dem Parkplatz der Spedition am Fuß der Brücke zu unserem Ausgangspunkt zurück.

Kasteel Borgharen

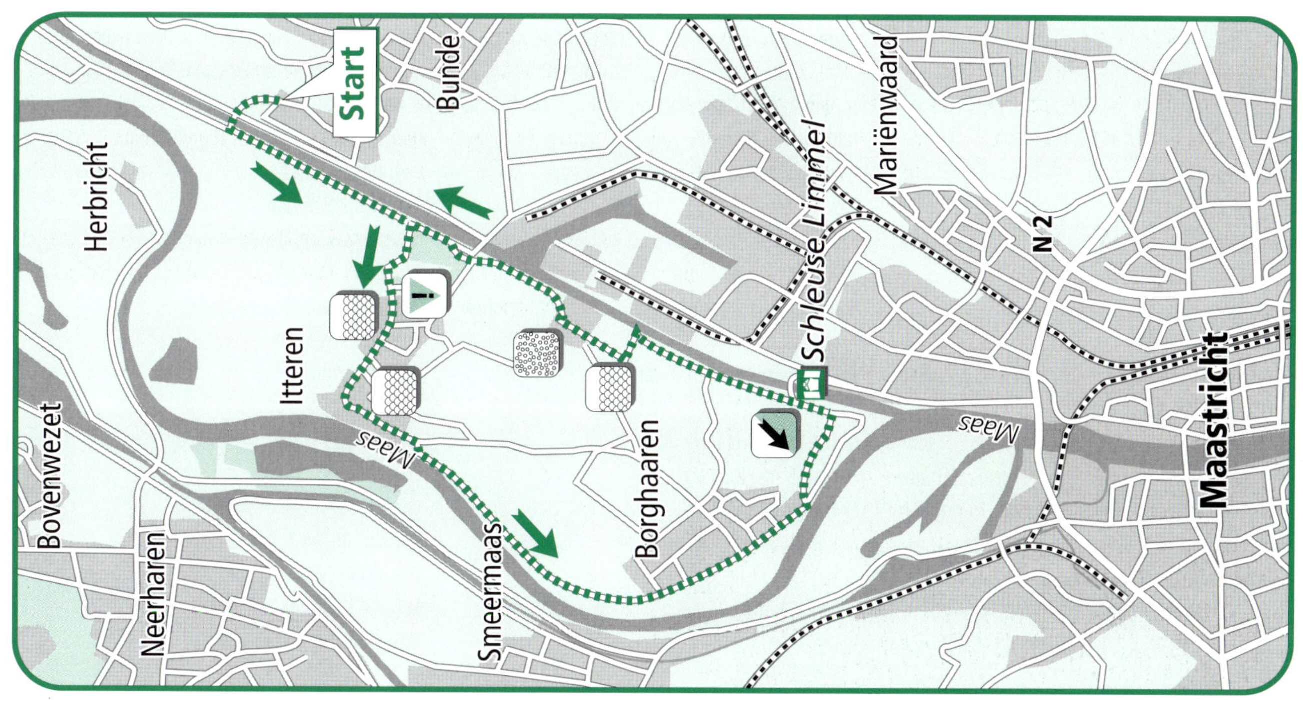
Start
Bunde
Herbricht
Itteren
Maas
Bovenwezet
Neerharen
Smeermaas
Borghaaren
Maas
Schleuse Limmel
Mariënwaard
N 2
Maastricht

Anschriften in der Euregio

REGIO Aachen e.V.
Theaterplatz 14
52062 Aachen
Fon: 0241-455-237
Fax: 0241-455-225

Die Regio Aachen gibt zwei CD's heraus, die eine Reihe von Adressen enthalten. Titel: „Kulturführer für die Regio Aachen" (Adressen und Kurzbeschreibungen kultureller Einrichtungen, Vereine, Veranstaltungen) und „Handbuch für Medienarbeit" (Adressen sämtlicher Institutionen der Gemeinden in der Euregio)

Die wichtigsten Verkehrsämter

Verkehrsverein Bad Aachen e.V.
- Atrium am Elisenbrunnen
Friedrich-Wilhelm-Platz
D-52062 Aachen
Fon: 0241 - 180 29 60/61
Fax: 0241 - 180 29 30
Postanschrift: Postfach 2007, D-52022 Aachen

VVV Maastricht - Het Dinghuis
Kleine Staat 1
NL-6211 ED Maastricht
Fon: 043 - 325 21 21
Fax: 043 - 321 37 46
http://www.vvvmaastricht.nl

Fédération du Tourisme de la Province de Liège
Boulevard de la Sauvenière, 77
B-4000 Lüttich
Fon: 04 232 65 10
Fax: 04 232 65 11
email: ftpl@ftpl.be
http://www.ftpl.be

Office du Tourisme de Liège
En Féronstrée 92
B-4000 Lüttich
Fon: 04 221 92 21
Fax: 04 221 92 22

Verkehrsamt der Ostkanone
Ostfach 66, Mühlenbachstraße 2
B 4780 St. Vith
Fon: 0032-(0)80-227664
Fax: 0032-(0)80-226539

Anschriften und Internetadressen zum Thema Inlineskaten

Ansprechpartner gibt es viele und Informationen ebenfalls. Im Internet kann man sich verlieren und kommt manchmal erst nach langer Suche zum eigentlichen Ziel. Und: Die Welt des Internet ist flexibel und wechselhaft. Deshalb sollen hier die wichtigsten und beständigsten, etablierten Adressen und Internetlinks aufgeführt werden.

Verbände

Deutscher Sportbund e.V. (DSB)
Otto-Fleck-Schneise 12, 60 528 Frankfurt/Main
Fon: 069-6700-0, Fax: 069-674906
email: dsb-info@dsb.de
http://www.dsb.de

Deutscher Rollsport- und Inline-Verband e.V. (DRIVe)
Sterngasse 5, 89073 Ulm
Fon: 0731-66414, Fax: 0731-9603517
email: driv2000@aol.com
(Anschriften der Landesverbände bitte hier erfragen)

Deutscher Eishockey-Bund e.V. (DEB)
Betzenweg 34, 81247 München
Fon: 089-8182-0, Fax: 089-8182-84

Westdeutscher Skiverband e.V. (WSV)
Postfach 1550, 58531 Meinzerhagen
Fon 02354-928220, Fax 02354-6062
email: wsv@wsv-ski.de

Anschriften aus der Region: Stadt- und Kreissportbünde

Hier bekommen Sie Informationen, welche Vereine in Ihrer Stadt oder Ihrem Kreis Inlineskate-Angebote durchführen.

aachen-aktiv im Post-Telekom Sportverein e.V.
Krefelder Straße 201
52070 Aachen
Fon: 0241-911903
Fax: 0241-911904
email: kontakt@aachen-aktiv.de oder
b.grimm@aachen-aktiv.de

StadtSportBund Aachen e.V.

Eintrachtstraße 3

52068 Aachen

Fon: 0241-512923

Fax: 0241-54046

email: ssb-ac@t-online.de

internet: www.ssb-aachen.de

Homepages mit Inlineskate-Informationen - national

http://www.speedskating.de

http://www.speedskater.de

http://www.inline-online.de

http://www.karthago.de

http://www.inlinenews.de

http://www.inlineskating-aachen.de

Sollten Sie weitere Fragen zum Inlineskaten haben, können Sie sich an die Autorin wenden:

Dr. Beate Grimm

TEAM.InLine - Inlineskateschule und Sportagentur

Wildbacher Mühle 53 , 52074 Aachen

Fon: 0241-9129587

Fax: 0241-9129588

mobil 0170-6314949

email: info@team-inline.de

http://www.team-inline.de

Weitere Buchveröffentlichungen der Autorin:

Schmidt/Grimm:

Skating Cologne. J.P. Bachem Verlag Köln, 1998

ISBN 3-7616-1352-0

Schmidt/Grimm:

Skating Rheinland. J.P. Bachem Verlag Köln, 2001

ISBN 3-7616-1437-3

Grimm/Schmidt: Handbuch für Inlineskating.

Meyer&Meyer Verlag, Aachen, 1999,

ISBN 3-89124-494-0

Grimm/Kohlhase: Inlineskating in Schule und Verein. Meyer&Meyer Verlag, Aachen, 2000,

ISBN 3-89124-587-4

Der kultige Wanderhit mit Wanda und Paul

Doro und Rainer Gottwald

ALLES IM WANDERLAND

16 Touren rund um Köln mit Wanda und Paul

5. aktualisierte Auflage mit zahlreichen Karten und farbigen Abbildungen

ISBN 3-7616-1412-8

Doro und Rainer Gottwald

ALLES IM WANDERLAND BAND II

Neue Touren mit Wanda und Paul, mit zahlreichen Karten und farbigen Abbildungen

ISBN 3-7616-1438-1